巧遇胡適

從文本縫隙中重構胡適的思想面貌

高全之 Chuan Chih Kao——著

自序
知其勢，察其心，處其地，籌其事

一

「巧遇」兩字表達本書的緣起、範圍和反省。

我原先沒有專文或專書研析胡適的計劃。前幾年整理張愛玲文學，探索胡張文學淵緣，順勢以胡適日記為主要依據，做了胡適宗教信仰的專題討論。稍後研讀《西遊記》，再次向胡適報到，追蹤他重複提及這部小說的記錄。那些「不期而遇」延伸至本書收錄的文章，仍然沒有全盤總結胡適的企圖和成果。

這種自我認知導致了極具意義的覺醒：我們讀寫白話文，都受惠於白話文學運動；即令白話文學普及可能是文化歷史上遲早會發生的事情，我們仍然可以同意胡適促進白話文學正統化以及深刻化的貢獻。所以「巧遇」意指淋浴在胡適影響裡駐足審思他的幾個現代意義。

二

這些反省並非微不足道。根據周質平，胡適的平反已經在中國大陸再現和傳播，但仍有其局限性：「胡適研究從五十年代的『喑啞』到如今的『吞聲』，表面上看來是從『無聲』到了『有聲』，但是離『放言』還有相當的距離。只要『網禁』不去，『吞聲的胡適研究』是不可能『還胡適本來面目』的。」[1]其實在「放言」地區，仍時有貶斥胡適的噪音。

胡適曾感念台大校長傅斯年（孟真）經常挺身出來辯護說：「你們不配罵適之先生」。[2]今日視之，傅斯年那種袒護所流露的交情和擔當，令人感佩，但無必要。在學術領域，胡適從善如流，三番兩次承認錯誤，公開感謝別人指正。在學術領域之外，胡適多次在公開辯論當中勇於納言。著名的例子之一，是學術界已經注意到的，胡適及時改「全盤西化」為「充分世界化」的提法。[3]胡適出任駐美大使之後，在國事評論，政治生涯等等方面，愈來愈不反駁外來抨擊。無論譴責如何嚴厲，胡適多半保持沉默。如〈偽書真情——胡適的第八十一

1 周質平〈耿雲志先生與胡適研究〉，台北市：傳記文學月刊，二〇一四年九月，頁一四二。

2 〈胡適先生信函〉，收入《胡適選集——書信》，台北市：文星書店，一九六六年八月，頁一一四。

3 〈充分世界化與全盤西化〉，收入歐陽哲生編《胡適文集》第五冊，北京市：北京大學出版社，一九九八年，頁四五三—四五五。

難〉所示，胡適早早就決定以肚大能容的態度看待。他比那些一生只有學術界經歷或馴服於政治壓力的評論者更知道政治的複雜，更知道職場倫理的重要。

胡適曾多次引用明朝思想家呂坤。呂坤有句名言：「除了中字，再沒道理；除了敬字，再沒學問。」那個中字，是執兩用中的意思。呂坤另外一個精闢的原則是：「肯替別人想，是第一等學問。」以下他這幾句話進一步解釋那個概念：

> 評品古人，必須胸中有段道理，如權平衡直，然後能秤輕重。若執偏見曲說，昧於時不知其勢，責其病不察其心，未嘗身處其地，未嘗心籌其事，而曰某非也，某過也，是瞽指星、聾議樂，大可笑也。君子恥之。

如〈出乎常理——胡適談美國總統〉所示，胡適理解和欣賞美國總統，思維方法就是進入歷史情境去理解歷史人物。我們評估胡適的歷史地位，也應該採取同樣的歷史態度。不然的話，記住呂坤所說：君子恥之。

三

我嘗試補述前人未盡全功的論述，進一步瞭解胡適的志業和人格特質。全書主要由五個區塊組成：

- 注意具體而微的人格特質
- 揀拾宏觀視野的歷史話語
- 延續張愛玲和胡適交集研究
- 追蹤胡適的《西遊記》興趣
- 援引胡適論述的幾篇書評

本書所收下列文章的思辨範圍顯然具體而微：〈寫作大字頭——胡適和盧衍〉，〈胡適和哈佛燕京學社「訪問學人」——「胡適和盧衍」補記〉，〈熱淚盈眶——胡適的三塊錢〉，〈言教和身教——胡適談大專選系〉，〈嫩葉和開花——胡適日記古典文學拾遺〉。話題雖小，仍然觸及尚未被任何學者充分探討的領域。如不深究，就無從全面瞭解胡適人格特質。

宏觀敘述包括以下五篇：〈出乎常理——胡適談美國總統〉、〈共產主義、民主與文化型態〉、〈一言而為天下法——「共產主義、民主與文化型態」譯後記〉、〈胡適・白崇禧・蔣介石——《悲歡離合四十年——白崇禧與蔣介石》的一種讀法〉、〈風尾巴還留在樹梢上——單德興《山東過台灣——流亡學生夫妻自傳合集》〉。

〈出乎常理——胡適談美國總統〉探查胡適學習美國政治的歷程和他的美國總統評估。證據顯示胡適用心良苦，有時故意揚洋抑華，不迴避偏見（他稱為「出乎常理」），以便增強建言的聲量和力道，喚醒祖國讀者的某些愚昧或無知。這是閱讀胡適政論或時評，必須注意的一個切入點。同樣重要的發現是胡適假道美國總統的討論來反思現階段兩岸的統獨問題。這個研究令人再次認識：如果用最最簡短的語言來形容胡適一生行狀，「中華民族」較「中華文明」更為妥當。理由在於胡適積極參與學研之外的實務。中華文明研究可作遠近長短的範圍調整，中華民族生命延續卻是當務之急。學研是胡適的最愛，但他樂於充當國家實務的評論家，檢討中國人的價值體系、習俗、政治、以及未來的命運。從這個角度，我們可以體會他許多作品，例如一九〇八年十二月十四日〈中國人之大恥〉，深切的關懷與灼燒的熱情。[4]

「中華民族」的觀念常以「中國」兩字代之。舉個例子。周質平這段話裡的「國」，就是「民族」的意思：「在胡適的思想中，『黨』之上是有『國』的；『國』是『千秋』，而『黨』只是『朝夕』。」[5]中華民族是胡適一生最大的關切。胡適的中華民族觀念悠久長

4 〈中國人之大恥〉，收入歐陽哲生編《胡適文集》第九冊，北京市：北京大學出版社，一九九八年，頁五六九—五七〇。

5 周質平〈胡適的平反〉，美國世界日報副刊，二〇〇〇年八月十八日。段芝《中國神話》書名以及書裡的「中國」、「我國」，都指「中華民族」。段芝《中國神話》，台北市：地球出版社，一九九四年。

遠。他說過：這個「國家」有「千萬年生命」。[6]此項認知幫助我們體會胡適英文遺稿〈共產主義、民主與文化型態〉的重要性，因為它預測中國未來命運。這篇遺稿收入周質平編《胡適未刊英文遺稿》。周質平為該書所收胡適英文遺稿做個別簡介，並中譯個別篇名。[7]

本書所收〈共產主義、民主與文化型態〉是我的中譯。〈一言而為天下法——「共產主義、民主與文化型態」譯後記〉略作析論。這篇遺稿重申其他胡適文獻或曾揭露的理念：某些中國傳統思維和價值觀念不會被共產主義摧毀。然而這篇遺稿更進一步，預言共產主義華化之必然。沒有其他胡適文獻更清楚傳達這個訊息。胡適從思想史家的大歷史觀出發，接受共產主義在中國生根發展的現實，然後陳述共產主義被中華文化同化的歷史規律。那是發人深思的課題。

〈胡適・白崇禧・蔣介石——《悲歡離合四十年——白崇禧與蔣介石》的一種讀法〉介紹白先勇和廖彥博合著的三冊本《悲歡離合四十年——白崇禧與蔣介石》。我用胡適日記來對照這套書裡的近代民國記事。胡適只比白崇禧大兩歲，屬於同一時代，一文一武，共事於蔣介石之下，謀求中華民族的福祉。他們與台灣有特殊淵源，在台灣天翻地覆的政治發展之中，一直受到朝野尊重。兩人彼此欣賞，最後終老於台灣。特別謝謝白先勇支援三張白崇禧

6 胡適〈我們可以等候五十年〉，收入《胡適選集——政論》，台北市：文星書店，一九六六年六月，頁五十四。

7 周質平編，《胡適未刊英文遺稿》，台北市：聯經出版事業公司，二〇〇一年十二月。

和胡適的相片。非常珍貴。稍後我再提他們兩人另外一個共通性。

〈風尾巴還留在樹梢上——單德興《山東過台灣——流亡學生夫妻自傳合集》〉從大饑荒、殉節、以及土地改革三個角度來瞭解山東流亡學生單汶和孫萍夫妻自傳。這篇文章引用胡適日記關於土改政策溫和化的記錄，合併參考這本自傳合集的記憶，可知土地政策暴力實施確是歷史事實，非僅空洞的政策訴求而已，然而土地政策並非從頭到尾全面暴力。這恰是土改小說（如張愛玲《秧歌》、丁玲《太陽照在桑乾河上》、姜貴《旋風》）珍貴的原因。抗議文學不必也無從等待灰飛煙滅之後的平靜。路見不平就得奮筆直書。

這篇文章引用了看來可靠、毛骨悚然的大飢荒死亡人數。大飢荒和土改暴力都得算在毛澤東的帳上。應該是豐功偉業裡的減分部份。這是胡適和白崇禧的另個共通性：不必因為參與蔣介石領導的國民政府、反對毛澤東的共產主義而向任何人道歉。最大的遺憾是戰敗。就政治選擇而言，他們俯仰無愧於天地。

四

在這本書之前，我的胡適討論都收在研究張愛玲或《西遊記》的專書裡。張愛玲或《西遊記》都是自身俱足的議題。

《私札與私語——三顧張愛玲》收入以下三篇：〈胡適和張愛玲的初晤——「憶胡適

之」的一種讀法〉、〈胡適的宗教信仰——「胡適和張愛玲的初晤」補遺〉、〈赫貞江畔的胡適和張愛玲〉。胡適宗教信仰可以獨立於張愛玲研究範疇之外。當時納入張論之內，意在點明張愛玲曾經表露，但未能深入調查的人文關注。當然那不是負評，我們每個人都有知識涉獵的限制。

《西遊二論》收入以下兩篇：〈突破束縛——胡適和楊聯陞信扎裡的《西遊記》〉、〈時在念中——胡適的《西遊記》研究〉。由《西遊記》而想到胡適，其實相當自然。如本書所收新文所示，就世故人情的表述方式而言，《西遊記》比其他中國經典小說更為深刻影響胡適。

本書延續張愛玲和胡適的交集研究，並且爬梳胡適的《西遊記》牽掛。下列四篇文章屬於張愛玲和胡適交集研究範疇。

- 〈張愛玲的胡適粉絲情結——再談「憶胡適之」〉和〈承先啟後——胡適和張愛玲鼓吹《海上花》〉試答幾個有趣的問題。張愛玲崇拜胡適，但她的胡適粉絲情結為何曾經發生轉折，那個變化是否展示人生態度的成熟過程？張愛玲英譯或國譯《海上花》的啟因是什麼？為何張愛玲的努力，無論這部小說能否假道英譯或國譯而廣為流傳，仍然值得肯定？
- 〈齊邦媛的「黏土腳」——《巨流河》引起的問答〉解決《巨流河》拋出的文學公

案：胡適曾經不欣賞的一部小說是否張愛玲的《秧歌》？齊老師告訴我，當年在武漢大學，她從來沒有上過大伯高翰教授的課。可是她和許多在台武大校友都非常尊重高翰老師。當年我是個理工學院的大學生，齊老師是外文系主任。我從來沒有上過齊老師的課，也把她當作自己老師那樣敬重。

- 我們不知道張愛玲是否親自跳過秧歌舞。但敦煌藝術學者常書鴻跳過。〈聞歌起舞——張愛玲《秧歌》裡的歌舞〉比較張愛玲和常書鴻的「秧歌」筆墨。這個嘗試足以印證胡適和張愛玲都同意的《秧歌》小說境界嗎？

下列兩篇文章和胡適的《西遊記》關切相關。

- 〈偽書真情——胡適的第八十一難〉追溯胡適「第八十一難」的表述歷史，比較胡適改寫故事的不同版本，並從夾詩的修訂來理解改寫的意義。胡適版本的第八十一難故事和《西遊記》原著的精神和諧一致還是相互抵觸？胡適改寫的目的僅只是，如他自己所說，要充分展現佛教理念？
- 〈聆聽古音——「款款」和「聒噪」〉報告兩個張愛玲和《西遊記》用詞的前人案例。它們仍在近代中國使用，但可以上溯八百多年。中國語文的強勁生命著實令人驚嘆。

趁便收入這本集子的幾篇引用胡適的書評如下：〈偉大與卑微——姚一葦《碾玉觀音》〉、〈抬頭看星星——隱地自傳《雷聲近還遠》〉、〈玩物尚志——張錯近年藝文著作輪廓〉。我們無需張愛玲那種「如對神明」的胡適敬畏。我們在多方面的人文領域攻錯辯難，如有機會，大可放懷享受胡適的春風化雨。或許讀者會像我一樣，有興趣去讀姚一葦的劇作、隱地的自傳、張錯的文物記述。

五

非常感激《傳記文學》吳承翰主編和《文訊》封德屏總編輯大力支持，刊載本書所收的幾篇文章。特別要謝謝鄭樹森教授的指導。不會忘記單德興教授和廖彥博先生的個別指正。非常感激白先勇教授、董保中教授、張錯教授、陳器文教授、王德威教授，長期鼓勵我的文化和文學鑽研。如果讀者覺得書名附題——「從文本縫隙中重構胡適的思想面貌」——切合本書思辨方法，請歸功於細讀書稿、建議附題的責編洪聖翔先生。

本書最重要的成就是繼《西遊二論》之後，再度求得徐澄琪教授古樸灑脫的法書。「西遊二論」四字典雅大氣。「巧遇胡適」反映書法家的漢簡帛書研究，從容自若。這些墨寶讓人感受到中華文化薰陶的厚實和溫暖。古隸書法歷久彌新。

胡適走入歷史，豐富了民族記憶。

參考資料

1、《私札與私語——三顧張愛玲》，台北市：時報文化出版社，二〇二二年八月。
2、《西遊二論》，台北市：致出版，二〇二三年十二月。

目次

寫作大字頭

——胡適和虛銜

一

胡適的博士學位話題曾經沸沸揚揚，持續多年。幸虧現在有余英時的考證，總算有個明確的答案。根據余英時，胡適於一九一七年通過博士學位口試。哥倫比亞大學哲學系沒有要求胡適修改博士論文。胡適自己原想修訂博士論文，回國之後因事忙而沒做。一九二二年終於加了「略記」和「導論」，出版未曾修訂的博士論文，亞東版《先秦名學史》（*The Development of Logical Method in Ancient China*）。一九二七年繳呈一百本給哥倫比亞大學哲學系，正式取得博士學位。由於論文緩繳，遲了十年。[1]

余英時提到早在一九一九年胡適就收到朋友私信警告，知道外界的惡意指控。我們可能還有相關的疑團：胡適從一九一七年通過博士學位口試之後，到一九二七年正式領證之前，是否曾經以博士學位招搖過市？

一九八三年十一月香港中華書局出版的三冊本《胡適來往書信選》允許我們試答這個問題。[2]胡適一九四八年離開北平時，留下一批書信。這套書只收那批函件裡的一般性書信，

---

1 余英時《重尋胡適歷程：胡適生平思想與再認識》（增訂版），台北聯經出版社，二〇一四年八月，頁三—十五，頁三〇五—三二〇。

2 中國社會科學院近代史研究所，中華民國史研究室編《胡適來往書信選》，全三冊，香港中華書局，一九八三年十一月。

未收論學以及專題書信。寫信給胡適的人與胡適親疏不一。就本文論證目的而言，這套書是個沒有預先篩選偏見的樣本空間。外界來信是片鏡子，反映受信者的公眾形象。如果這個公眾人物常以博士自居，來信者多會使用博士稱謂。

胡適學成歸國，船抵中國（上海）是一九一七年七月十日，返美國哥倫比亞大學正式受頒博士學位是一九二七年。我們這份調查最好從寬設定起止日期，所以容納那兩年的全年來信。在這個選集裡，從一九一七年至一九二七年，一共有三百六十六封來信。因為殘缺或其他理由而未署收信人名字的信件有十封。剩下的三百五十六封信裡只有兩封稱收信人為胡博士。兩位發信人之一是英國人莊士敦（Sir Reginald Fleming Johnston, 1874-1938，清朝末代皇帝溥儀的老師），另外一位是胡適學生陳彬龢。這個學生在後來的信裡改口稱「適之吾師」。

那兩封信證明胡適的博士學位確是一個眾所周知的頭銜。博士學位程序仍未走完，這時外人是否可以稱當事人為博士呢？答案是肯定的。因為當事人的資格已經確定，他人可用簡稱的方式來稱呼。稱準博士為博士，預備軍官為官長，見習醫生為醫生，實習老師為老師，大學副教授為教授，都合情理。

最重要的是那批函件稱胡博士的只佔千分之六的超低比率。據此，我們可以大膽假設胡適名滿中國，卻不是敲鑼打鼓宣布自己有博士學位的淺人。

二

這個話題有趣，因為我們可以證明胡適深知虛銜之用大矣。

一九五八年四月胡適回台就任中研院院長。同年在美國開院士談話會，特別在十月七日致楊聯陞信，信中解釋不便邀請楊聯陞（和洪煨蓮）參加，因為要在該會議裡提名他們兩人為中央研究院院士。[3]信上似乎想用隱語，以英文字nomination代替中文字「提名」。這種細節引導我們注意胡適如何使用假職稱：「訪問學人」。

一九五三年五月十五日胡適收到勞榦（勞貞一）信。勞榦人在台灣，請胡適幫助安排赴美做研究工作。當時楊聯陞在哈佛大學教書，胡適閒居紐約，在家裡做學術研究。在收到勞榦信的同一天，胡適致信楊聯陞，附上勞榦來函，請楊聯陞建議如何提供協助。同年六月十三日信上強調：「貞一的事，單有歡迎信不夠。他須請護照與簽證，故必須由哈佛研究院院長的一紙英文信，許他在哈佛做研究。」三天後（十六日），楊聯陞回信說哈佛方面需要出具適當的「名義」，才能取得（美國領事館簽發的）簽證：

---

[3] 《論學談詩二十年：胡適楊聯陞往來書札》，胡適紀念館編輯，台北聯經出版社，一九九八年。

> 勞貞一的事，我當盡力幫忙。但不知哈佛方面信須如何寫法始能得到「簽證」（護照我想不成問題）。我給他的信裡，提到「名義」一事甚難，前些年丁聲樹、梁方仲、全漢昇來時，趙先生費了九牛二虎之力，替他們辦到空頭research associate名義，後來孫毓棠再來，我去試辦就碰了釘子，……（略）……我想勞君自然不要註冊作研究生，然則信裡至多只可寫歡迎他來作visiting scholar一類字樣，這樣對於「簽證」效力如何，似應先打聽一下。

胡適知道「空頭名義」的重要。次日（十七日）回信，刻意改「訪問學人」英文稱謂的第一個字母為大寫，有這樣兩句：「只用你擬的“Visiting Scholar”就夠了。」，「我想此時或可照尊意寫信『歡迎他來作“Visiting Scholar”』，『利用哈佛的圖書館等』，請葉公出信就夠了。」這裡葉公指葉理綏（Serge Elisséeff, 1889-1975），當時的哈佛大學遠東語言學教授兼哈佛燕京學社社長。楊聯陞一時仍未瞭解胡適深意，兩天後（十九日）回信解釋：「visiting scholar（此非正式名義）」。這下子胡適非得明示文字遊戲的重要了，三天後（二十二日）回信，指點迷津：「若能將Visiting Scholar二字寫作大字頭，最好。」這個無中生有的英文虛銜，寫作大字頭的「訪問學者」，是用來騙取美國領事館發放的簽證。

目前沒有資料可以證實楊聯陞是否遵照胡適建議而用了大字頭的英文虛銜。但事情顯然辦成了。同年十一月十一日楊聯陞致信胡適，有句：「勞貞一住在我們同街，不時來往，很高興。」

英文虛銜畢竟只是暫時的需要。胡適深知華人學者在美國職場，金錢用度以及語言能力的重要。胡適晚年移居台灣，擔任中央研究院院長。有兩個和勞榦再度出國相關的記錄。一九六一年五月十四日：

> 勞榦來談，他已接受華盛頓大學的聘約，決定要走了。先生（指胡適）告訴他：「你已是一個中國學者的身分了，到美國後，切莫省錢，有損中國學者的體面。你到了之後，一定要把英文弄好。宣讀論文時要叫人家聽得懂，不僅能寫，還要能說，還要能聽得懂人家的話，不要給外人看做『他是中國人』的英文，給人家一個特別體諒的印象。」[4]

同年九月七日胡適致信勞榦，解釋美國領事館的職權和辦事原則：「現在移民的事是領事的職權，外面的干涉是無用的，切不可得罪領事館，我有過經驗，知道美國大使也不能干

[4] 胡頌平編著《胡適之先生晚年談話錄》，台北聯經出版社，一九八四年，頁一七六。

涉領事」。信裡另外一句話可以做為多年前動念——前文提到的——以盧衍幫助勞榦首次取得赴美簽證的註腳：「我上次已面告，此等經辦移民手續的人員都靠『拘泥條文，一字不放鬆』為作官原則」。[5]也就是說，那些官員沒時間查核頭銜的虛實，只要看似正式職稱，合乎條文，就可過關。

三

更有意思的是大約在胡適自動提及盧衍的同一時期，胡適與楊聯陞討論中國歷史上的一種盧衍：可以買賣的度牒。

胡適讀楊聯陞英文著作《中國的貨幣與信用》[6]。一九五三年五月十五日致楊聯陞信，訊問是否注意自己《神會和尚傳》裡：「提到裴冕建議大賣道士僧尼度牒以助軍需」。胡適〈荷澤大師神會傳〉以及〈《神會和尚遺集》序〉都收入一九三〇年十二月，上海亞東圖書館《神會和尚遺集》。[7]多年後胡適在幾次演講裡以神會研究為例來強調原始資料的重要，

---

5 胡頌平編著《胡適之先生年譜長編初稿》增補版，第十冊，台北市：聯經出版社，二〇一五年六月，頁三七二六—三七二七。

6 Money & Credit in China: A Short History, 1952, Cambridge: Harvard University Press.

7 這兩篇文章現在收入以下兩個文集。《胡適論學近著》第一集，一九三五年十二月，上海：商務印書館，頁二四八—二九三。歐陽哲生編《胡適文集》第五冊，北京市：北京大學出版社，一九九八年，頁一九九—二三六。

同時提示度牒虛銜的妙用。在神會的歷史情境中，度牒虛銜是政治、宗教、經濟、軍事的結合機制，並且是神會鞏固自己歷史地位的契機。

胡適津津樂道這個令人敬佩的學研成果。至少有兩筆提到神會助銷空頭度牒的胡適演講記錄。第一筆是一九五二年十二月在台灣大學以「治學方法」為題的系列演講。在六日的第三講，題為「方法與材料」，詳述自己在一九一六年到倫敦、巴黎訪查，後來參考流失於日本的，敦煌文獻，終於重建神會和尚生平資料。摘錄其中一段如下：

安祿山造反，把兩京都拿下了；唐明皇跑到四川。這時候由皇帝的一個太子在陝西、甘肅的邊境靈武，組織一個臨時政府，指揮軍隊，準備平定亂事。那時最重要的一件事，就是籌款解決財政問題。有這麼多的軍隊，而兩京又都失陷，到哪裡去籌款呢？於是那時候的財政部長就想出一個方法，發鈔票——這個鈔票不是現在我們用的這種鈔票，而是和尚尼姑必須取得的度牒。《水滸傳》中，魯智深殺了人，跑到趙員外家裡；趙員外就為他買了度牒，讓他做和尚。也就是這種度牒。——但是這個度牒，一定要有人宣傳，才可以傾銷。必須舉行一個會，由很能感動人的和尚去說法，感動了許多有錢的人，這種新公債才有銷路。就在那時候，被放逐三年的神會和尚跑了回來；而那些曾受皇帝崇拜的和尚們都已經跑走，投降了，靠攏了。神會和尚以八十歲的高齡回來，說：「我來為國報效，替政府推銷新的度牒。」據我那時候找到的材料的記載，這個神會和尚講道的時候，有錢的人紛紛出錢，許多女人們甚至把耳環、戒指都拿下來丟給他；沒有錢的就願意做和尚、做尼姑，於是這個推銷政府新證券的辦法大為成功。對於郭子儀、李光弼收復兩京的軍事，神會和尚籌款的力量是一個大幫助。當初被政府放逐的人，現在變成了擁護政府幫忙立功的大和尚。8

第二筆記錄是一九五九年的演講：

神會和尚是湖北襄陽人，到洛陽、長安傳佈大乘佛法，並指陳當時的兩京法祖三帝國師非禪宗嫡傳，遠在廣東的六祖慧能才是真正禪宗一脈相傳下來的。但是神會的這些指陳不為當時政府所取信，反而貶走神會。剛好那時發生安史之亂，唐玄宗遠避四川，肅宗召郭子儀平亂，這時國家財政貧乏，軍隊餉銀只好用度牒代替，如此必須要有一位高僧宣揚佛法令人樂於接受度牒。神會和尚就擔任了這項推行度牒的任務。郭子儀收服兩京（洛陽、長安），軍餉的來源，不得不歸功神會。安史之亂平了後，肅

8　《胡適演講集——讀書與人生》，瀋陽市：萬卷出版公司，二〇一二年一月，頁一一二—一一三。

宗引請神會入宮奉養，並且尊神會為禪宗七祖，所以神會是南宗的急先鋒，北宗的毀滅者，新禪學的建立者，《壇經》的創作者，在中國佛教史上沒有第二個人有這樣偉大的功勛。[9]

《水滸傳》故事背景是北宋。宋人小說〈菩薩蠻〉提到管理和尚度牒的政府部門叫做「僧錄司」，是個府級單位，在故事情境中，屬於臨安府。寺廟裡的侍者陳義受賜度牒，剃度為僧。後來陳義受了冤枉，府官就追回度牒。可見度牒是出家人的一種身份證書，官方可給予可收回。在頒贈的時候，無需佛教修養學識的考試。[10]

四

度牒進入胡適與楊聯陞書信的幣制討論裡。一九五三年五月三十日胡適日記附楊聯陞抄寄的宋朝王栐《燕翼詒謀錄》卷五，講僧道度牒新法，以及度牒市價起落。六月二日以及四日日記繼續析論此事。[11]

9 胡頌平編著，《胡適之先生年譜長編初稿》增補版，第八冊，見註5，頁三一三一。
10 黎烈文標點《京本通俗小說》，台灣商務印書館，一九六八年九月，頁十七—二十七。
11 「胡適日記全集」二版，第九冊，台北市：聯經出版社，二〇一八年九月十九日，頁三十三—三十七。

同年六月十三日胡適致信楊聯陞，舉三個例證說明可以買賣的度牒其實是種虛銜：魯智深，武松，惠洪。

《水滸傳》第三回記趙員外「買下一道五花度牒」，故可以請智真長老剔度魯智深。此回中明說是「空頭度牒」，長老賜名智深，「書記僧填寫了度牒，付與智深收受」。

但已填名字的度牒，其人死了（或不作和尚了），也可以轉賣，由別人頂冒其名。（《水滸傳》武松用的度牒即是冒頂。）如有名的惠洪，即是用「冒惠洪名」的「偽度牒」得度，後來有人告發，入獄一年，「坐冒惠洪名，著縫掖」。後來得丞相張商英特奏，「再得度」。改名「德洪」，似是由此。（看《石門文字禪》，24，〈寂音自序〉）

胡適以小說情節來揣度歷史事實，自有其道理。魯智深和武松合法接受或非法頂替度牒，對《水滸傳》作者而言，似乎是根據毋庸質疑的常識而做的小說鋪陳。在故事情境之中，知情人士（張青、孫二娘、宋江）視武松的假身份為合情合理。宋江很早就知道武松頂替度牒。第三十一回，宋江在孔莊救下武松之後，武松坦白報告自己化裝逃亡的過程。

胡適沒有提到的另外一樁度牒買賣也支持歷史情資的看法。報恩寺闍黎裴如海以度牒為誘餌，賄賂胡道，要他做報曉頭陀：「我早晚出些錢，貼買道度牒剃你為僧。」度牒買賣雖未成交，但胡道受其所惑，甘願為裴如海服務。金錢「萬能」，度牒買賣，不是驚悚人心的行為。

《水滸傳》不同版本的回數可能略異。舉個例子。台北聯經出版社《水滸傳》，趙員外安排魯達進五臺山文殊院出家，在第四回，不是胡適所說的第三回。[12]智真長老絕非等閒。水滸好漢不知道或不知會自己是星宿下凡。但有兩位高人，佛教與道教各一，能夠看出水滸好漢的天命。佛教代表是智真長老。智真長老盤膝入定，即知魯達「上應天星，心地剛直。雖然時下兇頑，命中駁雜，久後卻得清淨，正果非凡」。道教代表是九宮縣二仙山的羅真人。羅真人知道黑旋風李逵是「上界天殺星之數」。

聯經版《水滸傳》有個註解，解釋持有度牒的正式出家人可免地稅和兵役。[13]當然魯達和武松剔髮易服，目的都是逃亡。度牒給予他們新的身份。五臺山文殊院的書記僧在原本空

12 施耐庵《水滸傳》，台北聯經出版社，一九八七年五月，頁五七。
13 施耐庵《水滸傳》，見註12，頁五七。

白的度牒上填寫新的名字，魯達改名為智深。武松的情況不同。百二十回版《水滸傳》，第三十回，孫二娘提議：「二年前，有個頭陀打從這裏過，吃我放翻了，把來做了幾日饅頭餡。卻留得他一個鐵界箍，一身衣服：一領皂布直裰、一條雜色短穗絛，一本度牒，一串一百單八顆人頂骨數珠，一個沙魚皮鞘子，插著兩把雪花鑌鐵打成的戒刀。這刀時常半夜裏鳴嘯得響。叔叔既要逃難，只除把頭髮剪了，做個行者，須遮得額上金印。又且得這本度牒做護身符；年甲貌相，又和叔叔相等；卻不是前緣前世？阿叔便應了他的名字，前路去誰敢來盤問？這件事好麼？」武松立即同意。當晚更衣剃髮之後：「孫二娘取出這本度牒，就與他縫個錦袋盛了，教武松掛在貼肉胸前。」

作者小心翼翼保護武松的僧侶身份。度牒上想必有頭陀的名字。如受盤查，武松必須冒名回答，孫二娘說過：「阿叔便應了他的名字」。作者為武松維持一點自尊：武松一直未受盤查，所以沒有出聲撒謊，把（度牒上寫的）頭陀姓名當作自己的姓名應答。作者在武松的生命裡保存一份純淨：他沒有在張青和孫二娘的人肉酒店裡誤食人肉。根據百二十回版，第一百一十九回，武松晚年長住於六和寺，活到八十歲：「武松自此，只在六和寺中出家，後至八十善終，這是後話。」作者允許我們合理想像：武松晚年在六和寺低調度日，心平氣和，不再殺戮。

魯智深和武松同具「假」身分，但在故事情境裡至少有以下兩種「真實」性質。

其一，他們反映宋朝時期佛教和道教非僅和平共存，而且緊密相連。《水滸傳》水滸好漢都是道觀（並非佛寺）意外釋放於人間的過路妖魔。但其中竟然有佛門弟子：魯智深和武松。魯智深和武松上應天星（天孤星和天傷星），屬道教觀念，然而他們的和尚身份亦非膚淺的外在形象而已。他們在水滸好漢之中突出，除了作者文筆生動之外，在於他們攜帶著禪宗精神：人人皆有佛性、立地成佛等等。禪宗是宗教寬容和原諒胸襟的極致。道教神明想像不介意添加佛教色澤。坊間已有關於魯智深佛緣的析論。我另有專文討論武松的佛教淵源。[14]

其二，孫述宇曾查證宋朝僧侶參與抗金戰爭。[15]在故事情境裡，宋朝政府需要（包括出家人在內的）民間力量協助，共禦外敵。只要能戰，或佛或道都收。

佛門弟子裝扮變成魯智深和武松「本身服色」的時候，其實是他們的戰鬥服裝。第八十二回，宋江率群去京城覲見皇上，有兩個穿著的描述。此時魯智深和武松已經沒有必要繼續偽裝和尚，大可跟其他梁山好漢一樣，穿起官式戰鬥服，「戰袍金鎧」。但他們服裝獨特。水滸好漢只有四人衣飾特殊。其他兩人是吳用「綸巾羽服」和公孫勝「鶴氅道袍」。魯智深和武松代表佛家，平衡著儒家（吳用）和道家（公孫勝）。後來宋江部隊遵命換上御賜錦袍

---

14 高全之〈武松佛緣—互不相讓的禪宗辯論〉，《西遊二論》，二〇二三年，致出版，頁三三一—三五〇。

15 孫述宇《水滸傳的來歷、心態與藝術》，台北時報文化出版事業有限公司，一九八三年，頁二四六—二五二。

參見皇上，只有三個出家人修改御賜錦袍，以便代表他們各自的宗教：「惟公孫勝將紅錦裁成道袍，魯智深縫做僧衣，武行者改作直裰，皆不忘君賜也。」為何三個出家人繼續個別宗教的服飾，儒家弟子（吳用）就與其他好漢一起穿上御賜錦袍呢？一種簡單的解釋是：儒家的理想在於進入政治體制內為官方効勞，而出家人顯示他們代表個別宗教團體的特殊身份，象徵兩大民間宗教都忠於皇帝。道袍僧衣直裰都是「政治正確」的「奇裝異服」。魯智深和武松代表佛教人士，政治意義「真實」，並不「虛假」。

作者或許經由假度牒去說佛性有時不在暮鼓晨鐘或俗世規範之中。魯智深和武松顛覆了約定俗成的虛衍定義。五臺山文殊院和尚們排斥花和尚。浙江徑山六和寺和尚們驚訝於魯智深不知圓寂即死亡。那些出家人是凡夫俗子，看不清魯智深和武松的高度。

五

如果胡適與楊聯陞討論虛衍的時候，因為自己曾經造假而心虛，或懷恨於那些無中生有的造謠者，書信或日記間或會有所流露。但事實上胡適的書信和日記氣定神閒，雲淡風輕。顯然坦蕩磊落，心裡一點疙瘩都沒有。

本來無一物，何處染塵埃。

胡適和哈佛燕京學社「訪問學人」

——〈胡適和虛衍〉補記

本書所收〈寫作大字頭——胡適和虛銜〉原名〈胡適和虛銜〉，刊於台北「傳記文學」月刊（二〇二二年八月）。單德興教授讀了〈胡適和虛銜〉，寄來兩份哈佛大學燕京學社「訪問學人」的資料。第一份資料是哈燕社台灣社友會會籍列表（二〇一六年九月更新版，以下簡稱「列表」）。第二份資料是《余英時回憶錄》（二〇一八年十一月，台北允晨文化實業股份有限公司，以下簡稱「回憶錄」）的幾個影印頁。

根據列表、《余英時回憶錄》和《論學談詩二十年—胡適楊聯陞往來書札》（胡適紀念館編輯，一九九八年，台北聯經出版社，以下簡稱「書札」），本文試答兩個〈寫作大字頭——胡適和虛銜〉未及探索的連帶的問題。英文引文如無中譯，除了一個例外（下詳），我會添加中譯，用方括號（〔、〕）標誌。

第一個問題：「訪問學人」什麼時候從虛銜轉變為實銜？

如〈寫作大字頭——胡適和虛銜〉所示，在一九五三年，「訪問學人」仍不是一個正式的頭銜。該年六月十九日，楊聯陞致胡適信，抄了一節自己剛剛寄給全漢昇的信文，談勞榦（勞貞一）在台灣中請簽證，需要哈佛大學具函證明：「可否請您代問一下，信如何寫法最為有效，我可請遠東語文系主任兼哈佛燕京社長葉理綏先生Serge Elisséeff（或再較高之當局如教務長）具函歡迎他來做visiting scholar〔訪問學人〕（此非正式名義）免費利用圖書館等，如果這樣對visa〔簽證〕有用，請您或勞兄來信，我可以就辦。」（書札，頁一六一）關鍵斷言是：「此非正式名義」。這段文字證明當時Visiting Scholar〔訪問學人〕仍非哈燕社正式承認的名分，所以信文用小寫字頭的visiting scholar。〈寫作大字頭——胡適和虛銜〉已經討論過胡適建議使用虛銜的過程，這裡我不再重複。

回憶錄不僅清楚說明哈燕社訪問學人計劃始於一九五四年，而且概略交待該計劃的內容：「哈燕社從一九五四年開始，建立了一個新的制度，叫做『訪問學人計劃』（"Harvard-Yenching Visiting Scholars Program"）。根據這一構想，哈燕社每年聘中、日、韓人文與社會科學領域中的學人到哈佛訪問一學年。他們有聽課和研究的自由而無考試的義務，一年之後仍可申請延長一年。但訪問學人在年齡上則有較明確的限制，即三十歲以上，四十歲以下。可知此一計劃的主要目的在於提升中年學人教學與研究的水平。當時哈燕社每年計劃招收十一、二位訪問學人，多數來自日本，一兩位來自南韓，香港和台灣則各有一人。（台灣最初只有台灣大學一處受到邀請，後來才增加了中央研究院歷史語言研究所和師範大學兩處。當然，提名並不一定被接受。）」（回憶錄，頁一五三）余英時毫不猶豫表示那是他的「正式身分」：「我第一年在哈佛的正式身分是『哈燕社訪問學人』」。（回憶錄，頁一五七）

現今哈佛大學燕京學社官網有個特別介紹Visiting Scholars Program〔訪問學人計劃〕的網頁。這個計劃持續進行，它的條款和規則曾經因應時勢變化而有所調整。

列表與余英時的記憶大致一致。列表從一九五四年起，至二〇一七年止，一共一百六十三位會員。用英文註明的「身分別」欄位以Visiting Scholar為大宗，共有一百〇八位。列表前三名，董同龢（訪學時間一九五四－一九五五），邢慕寰（訪學時間一九五五－一九五六），余英時（訪學時間一九五五－一九五六），身分都是Visiting Scholar。

列表「身分別」欄位除了Visiting Scholar之外的身分多半反映哈燕社的其他人文研究項目。列表有六位身分Harvard Doctoral Scholars〔哈佛博士學者〕，似指博士班學生。本文不追踪其他身份和人文研究項目的聯繫。其他身分，例如Associate、Coordinate Research Scholar、Visiting Scholar Associate、Visiting Fellow、Visiting Research Scholar、Research Associate等等（為免繁瑣，均不中譯），是否與訪問學人計劃相關，於本文而言，無關緊要，因此不事查核。

〈寫作大字頭——胡適和盧衙〉討論的勞榦是哈燕社訪問學人計劃正式啟動前的個案。勞榦想續留一年。一九五四年二月三日楊聯陞致胡適信報告：「勞公繼續研究事，本希望『柳暗花明』，最近看起來，又不妙了。我四月初到紐約來開遠東學會年會，那時來看您，再詳述其中曲折。」（書札，頁一九九）我們不知道「其中曲折」是什麼。同月六日，五月十九日，六月一日，胡適致楊聯陞信一再想方設法，但學年行將結束，仍然困難重重。胡適只好降低期望：「無論如何，哈燕社若能再給他一點春季（一九五五）以後的研究補助，則勞公可以再多住二三月，也是好事。但此時不必煩瀆葉公的尊嚴了。勞公之來，與李濟之先生今年的出來，都是史學界最可喜的事。」（書札，頁二〇三）這封六月一日的信記錄了胡適利用哈燕社培訓中國文史界新秀學者的願景：「中國文史界的老一輩人，都太老了，正需要一點新生力量。」他希望老輩訓練新秀，而且新秀批評、整理老輩已有的工作成績。同信透露了少見的抱怨：「我總覺得哈燕學社對于日本研究的熱心遠超過對中國研究的熱心。這裡面固然有『人』的問題，但外邊人看了，總不免要想到中國話的『勢利』兩字。即如此次的Fellowship〔獎學金〕十幾個，『多數是由日本推荐的』，台灣、香港各止一個，尚未可必得！試問，新亞書院若夠得上『一個』，台大當然可以推荐五六個。叫台大推荐『一個』，當然就很難了。」（書札，頁二〇四）訪問學者計劃按學年行事，六月的評論已在針對即將（九月）正式開始的下一個學年，也就是哈燕社訪問學人計劃開始的第一個學年。所謂「勢利」，可能指台灣偏安一隅，國勢單薄，難以代表整個中國人文研究人才的整體。值得注意：胡適一生很少為自己個人受到不公平對待而訴苦，但他不滿當時哈燕社重日輕台。

楊聯陞時向胡適報告台灣來的訪問學人。一九五九年十一月十三日楊聯陞致胡適信提到同一學年訪學的楊希枚和宋文薰（訪學時間一九五八—一九五九）。一九六〇年八月九日楊聯陞致胡適信提到董同龢路過哈佛。那是董同龢結束訪學之後。同信有句：「哈佛燕京社今年史語所送來的訪問學人是張秉權。」（書札，頁三八六）

第二個問題：胡適是否影響了「訪問學人」從虛銜轉換為實銜的轉變？

一九五三年勞榦取得出國研究的資助之後，胡適主張他去哈佛大學。同年五月二十八日胡適致楊聯陞信：「我贊成他（註：指勞榦）來哈佛，已囑他托你接洽。China Foundation Fellowship（中基會獎助金）每月175元，旅費來往一千四百元，但只限一年。因不欲阻礙台大別人出國的機會也。」（書札，頁一五四）

勞榦仍需要取得美國學術機構的邀訪，並且得到足以申請赴美簽證的邀約文件。哈燕社尚無學人駐訪的固定制度。一九五三年六月十六日楊聯陞致胡適信，報告最近幾個個案處理，用了「空頭」名義的情況：「勞貞一的事，我當盡力幫忙。但不知哈佛方面信須如何寫法始能得到『簽證』（護照我想不成問題）我給他的信裡，提到得『名義』一事甚難，前些年丁聲樹、梁方仲、全漢昇來時，趙先生費了九牛二虎之力，替他們辦到空頭research associate（研究人員）名義，後來孫毓棠再來，我去辦就碰了釘子，但孫仍來住了差不多一年，利用圖書館等均免費、無問題（他是洛氏基金會出錢）。我想勞君自然不要註冊作研究生，然則信裡至多只可寫歡迎他來作visiting scholar（訪問學人）一類字樣，這樣對於『簽證』効力如何，似應先打聽一下……」（書札，頁一五九）

華人學者經由哈燕社去哈佛大學訪學的傳統可視為——如〈寫作大字頭——胡適和虛

衡〉所論——胡適請楊聯陞用盧衡幫助勞榦拿美國領事館簽證的後續發展。但台美學人互訪的制度早已在醞釀之中。胡適打從一開始就支持這樣的學者交流計劃。一九五三年六月二十二日胡適致楊聯陞信，提到一九五二年冬季在台北的一個「鄭重」的會談：

> 我去冬在台北時，有一天，蔣孟鄰兄約了台大、中研院七八個朋友談話，說有一位朋友曾對他說，哈燕學社頗想在台灣做點有益于學術（文史方面）的事，所以他（蔣）約我們談談。談的結果，由沈剛伯、劉崇鋐兩先生起草，把意思歸納成幾條，大致是希望哈燕學社與台大、中研史語所發生「人的交換」，每年有二三人從哈佛到台北，利用史語所的資料，做點研究，同時也可以給台大帶點「新血」「新力」去；同時每年由哈燕社資助一兩位自由中國的文史學者出來到哈佛作一二年的研究，使他們可以得點「脫胎換骨」的新空氣、新生命。……（略）……當日約談的情形甚鄭重，則絕無可疑。（我也在場。）
>
> 孟鄰先生沒有說代表哈燕社說話的人是誰。我也沒問他。
>
> 此事你們在康橋有所聞否？

> 我以為此類事是值得做的。若每年能有一人交換，也就很好了。（書札，頁一六四—一六五）

一九五三年六月二十四日楊聯陞致胡適信有句：「您提的那次談話會的消息我沒有聽到。」（書札，頁一六七）同信提到美國福特基金會曾經有意資助中國學者到哈佛作研究，大學方面隨即做了準備工作，但福特基金會的資金久久不來，哈佛大學只好擱置那些準備工作。次日胡適回信，認為福特基金會的事，可能與去年冬天他在台灣參加討論哈燕社與台灣交換學人計劃，是同一回事。假設胡適的判斷正確，我們可從宏觀角度看出：福特基金會出爾反爾，反倒讓台灣和哈燕社做了交換學者的沙盤推演。兩造蓄勢待發，有助於兩年後的計劃啟動。

胡適關切訪問學人。一九五六年八月二十四日胡適致楊聯陞信提到同一學年訪學的周法高和李定一（訪學時間1956-1957）。書札為周法高和李定一註解個人資料（書札，頁三〇八，頁三一二），漏記他們曾是哈燕社訪問學人。一九五六年七月二十六日楊聯陞致胡適信有句：「周法高尚無消息」（書札，頁三〇七），顯然在回應胡適的徵詢。書札集另有五封信提到周法高，都在他訪學的學年之內。

胡適關切的不限於台灣的訪問學人。列表不記的嚴耕望即一例。胡適看重嚴耕望。一九五七年九月十二日致楊聯陞信特別交代：「嚴耕望先生已到康橋，來信說他『既聾且啞，又兼半瞎』。此君的校史工作，能見其細，又能見其大，甚不易得。望老兄特別指導他，使他的時間可以用在最有益處。」（書札，頁三四三）訪問學人通常限時一年，超限是少數。書札正確註明嚴耕望訪學期限為兩年：「1957-1959年在哈佛大學以訪問學人身分研究兩年。」（書札，頁三四三）一九五八年三月四日胡適信又說：「嚴耕望再留一年，很好。他起勁學日文，是更可喜的。」（書札，頁三五一）

聾啞瞎大概指在異鄉的語文障礙。胡適上任台灣中研院院長之後，楊聯陞曾建議台灣學人赴美之前要加強英語訓練，大有可能與哈燕社訪問學人有關。一九五九年九月十二日楊致胡信提了四個建言，其中第三、四兩點都關注於訪美學者的語文訓練：「3、中華文化基金委員會資助來美研究之學人，最好能早一年或半年以上通知本人，如此則英語、英文較差的可以『臨陣磨槍，不快也光』。4、中研院或可設（或與台大、師大合設）英、日語文講習班（以速成為原則）及自修室，除人教外，（類似美國之成人教育）并用tape record（錄音帶）等（自修室應有各種文法書、字典等）。」（書札，頁三七八—三七九）

列表上的學者大有台灣學術界舉足輕重的人物，並且並未局限於台大和中研史語所，可見這個計劃在台灣的正面影響，以及台灣人文研究、人才培育的擴展。哈佛燕京學社訪問學人計劃打從開始就已放眼於台灣以外的亞洲區域，多年前也擴展到中國大陸，顯示了廣泛的地理覆蓋範圍。

胡適於哈燕社訪問學人計劃的影響想必有限。胡適只能督促楊聯陞做這做那。楊聯陞人在哈佛，對於哈燕社的運作實有「不在其位，不謀其政」的約束。一九五三年六月二十四日楊聯陞報告自己力不從心：「哈燕社的經費支配問題，我只知其頗為複雜。也因為是『人微言輕』（這是實話，您可以體會）不願多問。（愧無夫子溫良恭儉讓以得之之才）但希望得多有與中國學術界合作的機緣而已。」（書札，頁一六七）楊聯陞確有暫時主持哈燕社訪問學人計劃的機會。一九六二年二月七日楊聯陞致胡適信：「下年Pelfel〔佩爾菲爾〕也休假、哈燕社的訪問學人事務，由我代主持一年。」從一九六一至一九六四年哈燕社主任出缺。楊聯陞代理訪問學人事務，不是代理哈燕社主任的職位。Pelfel應是John C. Pelfel，一九六四至一九七五年正式擔任哈燕社主任。「下年」指一九六二至一九六三的學年，可能影響到下一學年。查列表，一九六三至一九六四年有兩位身分為訪問學人的台灣學人（吳緝華、黃金茂）。大概代理哈燕社訪問學人事務，偶一為之，杯水車薪，不足以（或不願意）改變台灣訪問學人配額偏低的情況。信中那句「夫子溫良恭儉讓」的「夫子」指胡適。但胡適不在哈佛大學任職，豈不是距離哈燕社的決策核心更為遙遠？如列表數據所示，六十四年之間，台灣平均每年派出不到兩名訪問學人，與胡適期望的「五六個」相去甚遠。

但胡適提議大字頭的名分Visiting Scholar，預見了「訪問學人」的適切性。我猜胡適樂見自己擬定的虛銜，最終變成了哈燕社採用的實銜。

熱淚盈眶

——胡適的三塊錢

一

胡適晚年憶述七七事變之後參加廬山會議，蔣介石要他「到美國去做非正式的外交使節。」[1]一九三七年九月胡適銜命出國，在海外（美國、加拿大、英國）鼓吹援華抗日。九月二十五日致舊金山總領事黃朝琴電文有句：「此行為國難來」。[2]當務之急是募款，長程目標是促進美國參戰。在次年九月發表為中國駐美大使之前，胡適其實沒有正式官銜。九月二十五日胡適致信韋蓮司，信上有句：「但是我已無法再長期抗拒督促我訪美的壓力。最後，在既沒有外交使命，也不需做『宣傳』工作的條件下，我決定來美。我來此，只是回答問題，釐清誤會，和發表我自己的觀點。」[3]所謂「既沒有外交使命，也不需做『宣傳』工作的條件」，意指他得以自己認為合適的方式和論述在美國公開發言、發表文章、或演講，不受國民政府官方操控。日記裡幾度抱怨祖國新任外交部長暗中掣肘，都發生在胡適上任駐美大使之後。所以大使職位給予工作所需的諸多資源，但也帶來官方機構的牽制。

---

1 胡頌平編著《胡適之先生年譜長編初稿》增補版，第十冊，台北市：聯經出版社，二〇一五年六月，頁三五五一。

2 胡適《胡適日記全集》第七冊，二〇一八年九月，台北市：聯經出版公司，二版，頁四四六。

3 周質平《不思量自難忘—胡適給韋蓮司的信》，台北市：聯經出版社，一九九九年，頁二一一。亦見周質平《胡適的美國情緣》，香港中華書局，二〇一九年七月，頁一二八。

一九三八年一月二十二日以及二十七日日記，講同行者端升「總嫌沒工可做」，「總覺得來此無人賞識，無用武之地」。胡適沒有類似的苦惱，因為他忙於到處演講，而且很快就先後得到加州大學柏克萊分校以及哈佛大學邀請駐校授課。然而在出任駐美大使之前，演講場合難免草根階層，旅行規格有時低調儉省，家眷不在身邊，他確曾覺得辛苦。一九三八年四月二十五日日記有句：「極感覺孤寂」。同年六月三十日日記有句：「又孤身行旅了」。一九三九年六月十一日日記：「此行較長久，故帶一人同行。」（做了大使以後，出門可有部屬隨行。）國難當頭，他堅守職責，婉拒了那些著名大學的授課邀約。[4]

二

胡適注重演講技術，擅長公開場合致詞。一九三八年十二月五日在午餐席上演說，感動了一位美國人。後來胡適生病住院，那個美國人寄來一百元要捐給中國戰時救濟。胡適自己加捐一百元，一併送給「美國醫藥助華會」。那個人不幸於次年十月去世。他的寡婦為了記念亡夫的義舉，又寄來一百元捐款。一九三九年十二月十五日胡適日記說，他自己再次加了一百元，捐給婦女會的救濟活動。[5]

4 胡適《胡適日記全集》第七冊，見註2，頁四六七，四七〇，五三一，五六五，六六一。

5 胡適《胡適日記全集》第七冊，見註2，頁三七一—七三二。

最難忘的大概是胡適以一介草民身份募到的三塊錢。一九三八年二月五日，在美國華盛頓州斯波坎市演講：「散後我走到樓梯邊，有一個白衣的雇役招我說話，他拿著三塊銀元給我，說要捐給中國教濟。我接了他的銀元，熱淚盈眼眶，謝謝他的好意，他說："I wish I could do more"〔我希望能捐更多錢〕。他的名字是I.E. Mauldin〔毛爾丁〕，2404 W. Benaitt St, Spokane, Wash.〔毛爾丁的住址〕。我把這錢交給Dr. Kizer〔凱澤博士，斯波坎市主辦演講、招待胡適的在地人〕，託他轉交紅十字會。我又把昨天所得的講演費三十五元捐出，以陪襯此人的義舉。」[6]

胡適刻意記下那個美國人的名字和住址。有名有姓，確有這樣一個可以驗證的人，但時間悠悠度過之後，尤其對華人讀者來說，那些英文的個人資料不再具有實質意義，變成了象徵性的文字碑。胡適要我們記得他曾影響過社會地位卑微的外國友人，他要我們相信人際之間的國際外交也很重要。

胡適日記裡「流淚」那個動作，僅只三度形諸於文。最早的事件是看見高夢旦父子情深而想到自己幼年喪父。〈山中雜記〉有送高夢旦詩，為仲洽書扇，一九二三年八月二日，該詩結尾如下：

---

6 胡適《胡適日記全集》第七冊，見註2，頁四七五－四七六。

但是我有一件〔聯經版《胡適日記全集》此處多一字「有」〕事，
　不能不怨他：
他和仲洽在這裡山上的時候，
　他們父子時時對坐著，
用福利州話背詩，背文章，
　作笑談，作長時間的深談，
像兩個最知心的
小朋友一樣，——
全不管他們旁邊還有
　兩個從小沒有父親的人，
望著他們，妒在心頭，淚在眼裡！
——這一點不能不算是
　高夢旦先生的罪狀了！[7]

---

[7] 胡適《胡適日記全集》第四冊，見註2，頁一八六。

高仲洽是高夢旦的兒子。一九二一年七月二十一日日記有句：「午間與夢旦之子沖洽君談。」[8]詩裡提到「福州話」。根據胡適〈高夢旦先生小傳〉，高夢旦（一八七〇—一九三六）籍貫福建省長樂縣。當地的方言是福州話。[9]〈高夢旦先生小傳〉提到高夢旦有「兩個哥哥」，但沒有他們的名字。根據黃濬〈長樂三高〉：「長樂有三高，皆以文章氣節鳴天下、高嘯桐（鳳岐）、子益（而謙）、夢旦（鳳謙）三兄弟，所謂『三高如麟鳳』也。」[10]日記的第二個淚濕事件是一九二七年二月五日，想到早逝的女兒：「連日失眠，下午小睡半點，夢中忽見我的女兒素斐，醒來為她掉淚不少。含淚作一詩，記之，隨寫隨哭，淚濕紙上。她死時我不曾落淚，想不到忍了一年半的眼淚卻在此地掉也。」[11]

僅只三度落淚，可視為胡適日記刻意避免負面能量的證據之一。另一證據是本書所收〈出乎常理——胡適談美國總統〉指出：胡適日記儘量寬以待人，動怒責備華人的例子相當有限。

8 胡適《胡適日記全集》第三冊，見註2，頁二一七。
9 《胡適文集》第七冊，北京：北京大學出版社，一九九八年，頁六〇五—六〇七。
10 黃濬《花隨人聖盦摭憶點全編》，上冊，新北市：聯經出版事業股份有限公司，二〇二四年一月，頁三六八。
11 胡適《胡適日記全集》第四冊，見註2，頁六三四。

三

淚灑異鄉，當然與憂國憂民相關。這種操心確曾影響他的健康。一九六〇年十二月二十二日的私談裡有這段話：

> 如果我沒有憂慮，我不會有心臟病，也不會有十二指腸潰瘍的毛病了。我在二十七年接任駐美大使之後，漢口是丟了，我的心臟病發了。那時唯一的海口是廣州，二十九年廣州也丟了，我的憂慮不能擺脫，心臟病又發了。我還是有憂慮的，我也不能做到完全沒有憂慮的地步。[12]

對中華民族命運無動於衷的美國人滿坑滿谷。偏偏毛爾丁受到胡適演講感動，盡其所能捐款，支持中華民族生命的延續。胡適性情中人，但面對陌生人熱淚滿眶，為中華民族淚濕，胡適日記裡僅此一例。

12 胡頌平編著《胡適之先生晚年談話錄》，台北市：聯經出版社，一九八四年，頁九十九。

四

胡適把演講酬勞（三十五元）加上捐款所得（三元）一併捐給美國當地的紅十字會。所以這筆小額捐款沒有直接幫助中國抗戰大業。然而這三塊錢在胡適日記裡光彩奪目。與魯迅不同，胡適通常不用日記記錄個人財務。對胡適而言，日記和個人財務涇渭分明：前者將公諸於世，後者屬隱私範圍。本書所收〈言教和身教——胡適談大專選系〉提到一直到晚年演講，胡適才較為明確交待留學日記沒有詳記的、因為轉系而導致的金錢損失。我們也得在胡適致韋蓮司的私信裡，才能印證版稅確實曾是胡適的重要收入。以下是兩筆相關資料：

一九二三年三月十二日信：

我的詩集已經賣出了一萬五千冊。第五版正複印中。我的文存（一九一二——一九二一）已在一九二一年十二月集印成四冊，在一年之內賣出了一萬套。賣書所得的版稅使我有能力買研究所需的書籍，大學的薪水相當低，回國頭兩年由於婚禮和母喪，我欠了一些債。[13]

13 胡適撰，周質平編譯《不思量自難忘——胡適給韋蓮司的信》，台北市：聯經出版公司，一九九九年，頁一四三。

一九三一年三月二十五日信：

在那四年之中，我浪費了許多時間在自己並不真感興趣的事情上，這多少也是為情勢所逼。在不止三年半的一段時間裡，我沒有固定的收入，靠版稅和賣文維生，以保持自己的獨立，而不依傍政黨和政府。[14]

前引信文所謂「四年」，指自一九二七年胡適回國，至一九三一年胡適寫這封信的時段。

區區小數（三塊錢）難以作為美國基層百姓普遍支持中國抗日的證據，但記錄了胡適風塵僕僕，草根性質國民外交的實踐。數額小到不行，胡適感激至誠至大。

14 見註13，頁一七二。

言教和身教

——胡適談大專選系

一

胡適論述大學教育，範圍遼闊，包括中國歷史上的考試制度沿革，考試制度如何維持中國統一，中國大學沒有幾百年歷史的原因，大學畢業生防止墮落（拋棄求知欲望和人生理想的）的三個方法等等。在人生最後十年，他發現自己美國求學歲月所做的幾個決定非僅受用，也可作為眾所周知但較少被討論的台灣大專聯考隱疾的一劑解方。一九五二年十二月十九日胡適在台北市中等以上學校座談會答問，記錄文章是〈教育學生培養興趣〉，強調「所謂興趣，不是進了學堂就算是最後興趣。」[1]婉轉間接，把箭頭指向台灣大專聯考的選系運作。

台灣大專聯考制度硬性規定考生填寫學校以及科系先後順序，名為「志願」。這個方法公平公開。但從胡適的觀點來看，經常有個意想不到的後果：許多大學生缺乏科系是否適合自己的警覺，校方不提供靈活的選課和轉系機制，或不及時宣導這個潛在問題；如果畢業生所學非所愛，既限制個人未來發展，也浪費高等教育資源。大專選系因而成為胡適給台灣高中生、大學生、教育工作者忠告的關鍵要點。他的建言見諸演講和文章，間或意見重疊，但

1 歐陽哲生編《胡適文集》第十二冊，北京市：北京大學出版社，一九九八年，頁五二二—五二四。

前後串連，和諧一致。多年後，胡適應邀作英文口述歷史，津津樂道自己曾經建議台灣學子重視大專院校選系：

> 因此我後來在公開講演中，便時時告誡青年勸他們對他們自己的學習前途的選擇，千萬不要以社會時尚或社會國家之需要為標準。他們應該以自己的興趣和稟賦，作為選科的標準才是正確的。[2]

胡適晚年演講提供了早年日記漏記的大學轉系的幾個細節。舉個例子。我們現在確知當時康奈爾（現譯「康乃爾」）大學採用一年兩個學期的學期制。一九五二年十二月十一日在台中農學院座談會答問，記錄文章是〈選科與擇業〉，提到自己在大學轉系，有句：「我當初是在美國紐約州康奈爾大學學農的，學了三個學期，請求改行，改到文科。」[3]二十七日在台東縣公共體育場演講，記錄文章是〈中學生的修養與擇業〉，補充說明：「放棄一年半的時間（這時我已上了一年半的課）犧牲了兩年的學費。」[4]我們因此可以確定當時康奈爾

2　唐德剛譯註《胡適英文口述自傳》，收入《胡適文集》第一冊，見註1，頁二一一。

3　見註1，頁五一四—五二〇。

4　見註1，頁五二八—五三五。本講座也收入《胡適演講集：讀書與人生》，瀋陽市：萬卷出版公司，二〇一二年一

大學用一年兩個學期的學期制，因為一年半裡有三個學期。胡適每年一次付全年學費，所以總共犧牲了兩年的學費。

本文梳理補遺，既彌補傳記的不足，也順便瞭解胡適本人對台灣大專聯考制度的意見。胡適言論應該受到檢驗。歷史學家余英時曾說：「人對於歷史是必須負責的；而且越是在歷史發展中佔據著樞紐地位的個人，其責任也就越重大。」[5]胡適屬於那種在歷史發展中佔據著樞紐地位的少數人族群，自然有其該負的言責。

二

〈中學生的修養與擇業〉鼓勵高中學生決定自己未來的大學科系，開門見山，說明此次演講的目的在於回答下列幾個問題：「中學生應注重什麼？中學畢業後，升學的應該怎樣選科？到社會裡去的應該怎樣擇業？」《青年胡適》作者湯晏責備其中一小部分：「我認為那天胡適在台東給中學生演講，一般來說都講得很不錯，但最後講到中學生選擇科系的一部分（即上引部分）欠佳。」所謂「上引部分」，指胡適演講結尾這幾句話：

月，頁三十二—四十二。

5 余英時〈自序〉，《歷史與思想》，台北市：聯經出版事業公司，一九七六年九月，頁六—七。

希望青年朋友們，接受我經驗得來的這個教訓，不要問爸爸要你學什麼，媽媽要你學什麼，愛人要你學什麼。要問自己性情所近，能力所能做的去學。這個標準很重要，社會需要的標準是次要的。

湯晏接著說：「我認為胡適以他的身分與地位，就不應該對這批天真爛漫的中學生講這種話，這些話前後矛盾，不切實際，語近『油腔滑調，浮而不實』。胡適講話一言九鼎，有影響力，講這種話會誤人子弟的。」[6]湯晏在這個議題上，沒能瞭解胡適的良苦用心。我們分三點說。

其一，胡適想必知道他當時在台灣的演講，隔一兩天就可能見諸報刊。所以他的聽眾或讀者很有可能延伸至講座現場之外的家長和師長。影響所及，不只是高中生而已。胡適沒讓高中生獨自承擔自己大專選系的責任。胡適要求他們思考人生方向、為自己負起責任，同時也要求家長和師長給予孩子們自由思考的空間，雙方溝通，並且都同意最後決定權仍在高中生身上。

其二，胡適態度嚴肅，並未「油腔滑調，浮而不實」。表述方式符合他的一貫的個人

[6] 湯晏《青年胡適》，台北市：春山出版有限公司，二〇二〇年六月，頁一五八，二三四，二三五，二四〇。

風格：當頭棒喝。胡適很清楚那個棒喝未必產生立竿見影的效果。許多孩子甚至進了大學之後還難以確認自己求學和擇業的方向。（美國有些大學，如史丹佛大學，不允許大一新生選擇主修科系，大二那年才能開始選系，理由在於許多大一新生仍未認清自己的學習方向。）因此他的論述範圍——我們稍後會簡要討論——延伸至教育系統和學校官員。這個高中學生「不要問」爸爸、媽媽、愛人的意見是一整套思維的一部份，不可單獨去看。胡適曾說：「讀一書而已，則不足以知其書。」[7]我們延伸其義：讀一文而已，則不足以知其文。也就是說，〈中學生的修養與擇業〉絕非孤立存在，我們可以在其前後找到內容重疊的其他講稿。舉個例子。〈中學生的修養與擇業〉提到在台灣大學的一個演講，「我在台灣大學講『治學方法』時」，指同年同月五日在台灣大學的系列演講「治學方法」的第二講。[8]前後兩講重複詮釋「勤、謹、和、緩」四字的意義。

胡適要高中生思考未來方向，問問自己：我要學什麼。胡適提醒高中生：不要盲目填寫大專聯考制度的「志願」表格。稍後我們將簡要回顧他對學生進入大學之後的建議。

7 胡適〈讀書〉，一九二五年四月二十二日，收入《胡適文集》第四冊，見註1，頁一二三—一三〇。這篇講稿也收入《胡適演講集：讀書與人生》，見註4，頁一六六。

8 《胡適演講集：讀書與人生》，頁一一四—一一六，見註4。一九三二年七月九日胡適在北平青年讀書互助會有同名（「治學方法」）但內容不同的講座，見註1，頁四七七—四八二。

其三，我們可以查看胡適如何以身作則，貫徹「不要問」的建言。胡適進大學之前沒有和父母討論選系的需要：胡適從小喪父，進大學之前母親遠在鄉下，只需和二哥諮詢。二哥建議胡適學鐵路或礦冶工程，回國之後既復興家業，也為國家振興實業。根據那個評估，可見當時國內職場：文學、哲學、政治、法律，都遜於鐵路、礦冶、以及（胡適選擇的）農業。胡適念了一年半大學，發現美國農教重點（機器化生產，大面積耕地，關注在地產品如蘋果等等）和中國農業現況不符。二哥認為中美農業並非毫無關聯，但胡適本人斷定學成歸國或有所學非所用的問題。湯晏根據現存的胡適二哥寫給胡適的信件，認為胡適動念轉讀文科，曾寫信請二哥為此事做主。二哥回信表示尊重胡適的決定。[9]可見胡適沒有責怪二哥先前建議他選擇出路較好的科系，而且在自己決定轉為文科之際，仍然走了爭取二哥支持的程序。胡適為他的聽眾或讀者樹立榜樣：在決定自己志向之後，和家人溝通意見，尋求支持，以便維持家庭和諧。胡適沒有煽動高中生（或大學生）掀起家庭革命。

台灣大專聯考制度裡所有大一新生都立即有（至少是暫時的）主修科系，無一例外。（美國有些大學，如加州大學，大一新生不一定要立即選擇主修科系。）所以胡適的表述對

9 見註6，頁一三四。

象遍及當時台灣所有的高中生。

三

在前引〈中學生的修養與擇業〉文字段落中，胡適強調高中生自我評估的重要，而且更進一步提出自我評估的方法：「要問自己性情所近，能力所能做的去學」。這句話強調兩點：性情和能力。

我們先說性情。〈教育學生培養興趣〉承認無法解決下列這些問題：師範大學招不到優秀青年、學校留不住優秀老師。一九五八年六月五日胡適在台灣大學法學院演講，講題〈大學的生活——學生選擇科系的標準〉，直搗黃龍，坦言大學生選系受到功利主義的影響：

> 目前很多學生選擇科系時，從師長的眼光看，都不免帶有短見，傾向於功利主義方面。天才比較高的都跑到醫工科去，而且直走入實用方面，而又不選擇基本學科，比如學醫的，內科、外科、產科、婦科，有很多人選，基本學科比如生物化學、病理學，很少有青年人去選讀。[10]

[10] 見註1，頁五四二—五四七。本講座也收入《胡適演講集：讀書與人生》，見註4，頁二十二—二十八。

胡適不能改變醫師、工程師待遇較好的現實。胡適沒有排除功利主義的良方，沒有指責性情、志趣、才能近於理工醫農商的孩子選擇那些個別領域。一九四七年十月十日胡適在平津六科學團體聯合年會演講，講題「大學教育與科學研究」，特別指出大學教育於科學研究的重要。[11]然後在台灣，胡適要鼓勵性情、志趣、才能近於文學、歷史、哲學、宗教、語言、考古等等的高中生去選擇人文科系。〈大學的生活——學生選擇科系的標準〉講座場所是台灣的頂尖大學（台大）。胡適希望第一流人才去研究國學。那個呼籲落實以下兩則日記的訴求。

一九二二年八月二十八日日記：

玄同贊成我整理舊書的計劃，但我們都覺得此事不易做。現今能做此事者，大概只有玄同、頡剛和我三人。玄同懶於動手，頡剛近正編書，我又太忙了，此種事正不知何時方才有人來做！

現今的中國學術界真凋敝零落極了。舊式學者只剩王國維、羅振玉、葉德輝、章炳麟四人；其次則是半新半舊的過度學者，也只有梁啟超和我們幾個人。內中章炳麟

[11] 歐陽哲生編《胡適文集》第十二冊，北京：北京大學出版社，一九九八年，頁五〇〇—五〇二。

在學術上已半僵了，羅與葉沒有條理系統，只有王國維最有希望。[12]

一九二二年九月一日日記：

> 從前我們以為整理舊書的事，可以讓第二、三流學者去做。至今我們曉得這話錯了。二千年來，多少第一流的學者畢生做此事，還沒有好成績；二千年的「傳說」（Tradition）的斤兩，何止二千斤重！不是大力漢，如何推得翻？如何打得倒？[13]

「能力」的內涵較需解釋。表面上看，能力單單指學習能力。胡適在康奈爾大學二年級種果學的實習課程中發現自己基礎訓練不足。學生在兩小時的實習課裡必須分辨四十個不同種類的蘋果學名。美國同學多數來自農家，一看蘋果便知其普通名稱，然後「在蘋果分類冊裡查對學名，便可填表繳卷，費時甚短。」胡適和另外一位來自中國的同學則須一個一個鑑別，花了兩小時半，只分類了二十個蘋果，而且大部分是錯的。大學轉系是胡適英文口述歷史裡的美好回憶：

12 《胡適日記全集》二版，台北市：聯經出版社，二〇一八年九月，第三冊，頁七三四。

13 見註12，頁七四〇。

後來我在國內向青年學生講演時便時常提到我改行的原因，並特別提及「果樹學」（Pomology）那門課，這門課是專門研究果樹的培育方法。[14]

從胡適自身經驗去體會，能力也暗示經濟能力。胡適是一九一〇年第二批七十名庚款留美學生之一。選擇農科，原本有兩個經濟考量。其一，該校農學院免費，可以寄政府輔助留學生的部分官費回家。那時胡適未婚，孝順母親（馮順弟），要補助母親生活所需。原先胡適在赴北京應考庚款留學的海輪上寫信給母親，報告出洋留學：「官費甚寬，每年可節省二、三百金。則出洋一事，於學問既有益，於家用又可無憂，豈非一舉兩得乎。」胡適從來沒有埋怨家庭負擔。台灣大專聯考制度裡有些資優生，如《文心雕龍之文學理論與批評》作者沈謙（一九四七—二〇〇六），也是因為經濟因素而以免費的國立師範大學為首選。[15]

四

〈中學生的修養與擇業〉對象是高中學生，〈大學的生活——學生選擇科系的標準〉的對象是大學生。前後兩次演講的對象不同，因此重點不同。後者坦言初進大學可能方向未

14 唐德剛譯註《胡適英文口述自傳》，收入《胡適文集》第一冊，見註1，頁二一〇。

15 沈謙《文心雕龍之文學理論與批評》，台北市：華正書局有限公司，一九九〇年五月。

定，「十八九歲的青年人仍沒有能力決定自己的前途、職業」，因此主張甚至在大學二三年級仍舊可以考慮轉系。在這裡他重複了清代大儒章學誠的話：「性之所近、力之所能」。

當初所填的志願，不要當作最後的決定，只當作暫時的方向。要在大學一、二年級的時候，東摸摸、西摸摸的瞎摸。不要有短見，十八九歲的青年人仍沒有能力決定自己的前途、職業。進大學後第一年到處去摸、去看、探險去，不知道的我偏要去學。如在中學時候的數學不好，現在我偏要去學，中學時不感興趣，也許是老師不好，現在去聽聽最好的教授的講課，也許會提起你的興趣。好的先生會指導你走上一個好的方向，第一、二年甚至於第三年還來得及，只要依著自己「性之所近、力之所能」的做去，這是清代大儒章學誠的話。

除了大學生以外，胡適認為教育領導階層責無旁貸，必須提供範圍廣泛的課程和靈活選擇的制度。〈教育學生培養興趣〉坦言台灣大學在課程選擇上不夠彈性。

大學選課制度是讓學生減少必修課，增加選修課，讓他多暗中摸索一點，擴大其研究興趣。講新教育要注重興趣。所謂興趣，不是進了學堂就算是最後興趣。興趣也要一點一點生長出來，範圍一點一點的擴大。比方學音樂，中國的家庭，沒有鋼琴提琴，就是小孩子有此天才，有此興趣，沒有工具也不行。台灣的中小學教育，設備較大陸完善。如果把必修課時間減少一點，讓他們活潑自動的去摸索，以養成興趣，那麼，成績一定更好些。「得天下英才而教育之」，教育也是有一種興趣的。

總結還是一句話，要注重訓練學生本能天才的發表，使他的知識能力有創造性，能應付新的問題，新的環境，我認為一切教育都應該如此，絕不能為某種環境、某種家庭，去設想。

〈選科與擇業〉認為教育領導階層必須宣導：選系必須兼顧社會需求和個人能力。那篇文章提到「試探」的觀念：「教育的領導人應該教導青年學生明瞭選擇學科要注意兩個標準：社會的需要和你能幹什麼？尤其要減少必修科，使青年學生可以有餘力去做各種的試探，這樣也許可以挽救偏祜的趨勢。」允許大學生在求學期間經由試探而找到自己的方向。台灣大專聯考制度並非沒有一蹴而就的例子。《古典中國實用文類美學》作者柯慶明（一九四六—二〇一九）在求學過程之中，早早就感覺幸福滿滿。詩作〈大二〉有條「附註」，宣稱文學院中文系提供了他所「渴望」的課程：

附註：在臺大的日子裡，大一都是一般課程，因此只在普通教室與新教室上課，要到了大二才開始登堂，到文學院上我所渴望的本院與本系的課程。[16]

在「本院」和「本系」之前，當然還有本校「臺大」。柯慶明是台灣高等教育的一個佳話：所屬學校和科系都符合個人志趣和能力；畢業、服役之後回系擔任助教；逐步昇遷到教職和行政主管；然後榮休。

胡適的經驗證明大學內部轉系或校際轉校機制的重要。有些資優學生乾脆重考。《台北人》、《白先勇的文藝復興》作者白先勇（一九三七－）建國中學畢業是保送的第五名，原來保送台大，但他申請保送到成大，因為台大沒有水利系。他在水利系成績優異，名列前茅，但也確認了自己的文學興趣。一年後重考到台大外文系。（有些網站說是「轉學」。重考是更準確的說法。）

五

〈大學的生活——學生選擇科系的標準〉彌補〈中學生的修養與擇業〉沒有交待數字的

16 黑野《清唱》，台北市：牧童出版社，一九七六年二月，頁二〇。

缺憾。後者只講胡適退出農學院的經濟損失：「犧牲了兩年的學費，不但節省官費補助家用已不可能，維持學業很困難。」前者提供了一些金額數字。康奈爾大學農學院「不收學費，而每個月又可獲得八十元的津貼。」從農學院轉文學院得賠償：「（康大）文科要繳費，而從康大（農學院）中途退出，要賠出以前兩年（未繳）的學費，我也顧不得這些。經過四位朋友的幫忙，由八十元減到三十五元，終於達成願望。」這段話仍然有些模糊，但至少我們可以猜測：大概原來退院得賠償月費八十元，和校方溝通後，只需賠月費三十五元。補繳學費，加上月費（三十五元乘以總月份數），即賠償總額。

在〈中學生的修養與擇業〉的年代，沈謙六歲，柯慶明七歲，白先勇十六歲。相對而言，胡適這個演講是否影響了他們，或許並不要緊。重要的是：如果有人聲稱自己受到這個講座的負面影響，那表示他們沒有完全理解胡適的言教和身教。

嫩葉和開花

——胡適日記古典文學拾遺

一

胡適約三十一歲的詩作〈小詩〉頗合本文旨趣。抄錄全詩如下：

開的花還不多；
且把這一樹嫩黃的新葉
當作花看罷。
（《胡適選集——詩詞》，台北市：文星書店，一九六六年六月，頁二五。）

二

一九八八年八月上海古籍出版社兩冊本《胡適古典文學研究論集》廣泛收集胡適古典文學論述文章。可貴之處在於抄錄了胡適日記裡有關古典文學的筆記。胡適日記兼營讀書札記的功能，相當重要。胡適的第一本日記曾以《藏暉室劄記》為名出書。他在該書〈自序〉解釋，日記內容有時是思想過程的記錄：「有時候，我自己想一個問題，我也把思想的材料，步驟，結論，都寫出來，記在劄記裡。」（《胡適選集——序言》，台北市：文星書店，一九六六年六月，頁四五。）

可是當我從重到尾細讀二〇一八年九月台北聯經版《胡適日記全集》二版的時候，發現有些《胡適古典文學研究論集》漏錄的資料。《胡適古典文學研究論集》〈出版說明〉沒有解釋任何抄錄或排除日記的編輯規則。因此日記遺漏的確切原因不明。

我從大學圖書館借閱的那套胡適日記有嚴格的歸還日期，不能長期存藏。因此我為自己做了一份閱讀筆記。我的閱讀筆記包括《胡適古典文學研究論集》遺漏的札記。有些遺漏的日記札記很長，或不在我近期的研究計劃中。對於這些，我只是簡單記錄為「不抄」。必須說明：不抄絕非該筆資料不值得參考。

這些資訊或許有助於印證胡適在某些文學議題上，思想演進的過程，對未來研究中國古典文學和胡適的人會有些用處。

○一九二六年十月二十六日

寫演講稿「中國的小說」，日記：「除非我們能切實證明佛教之俗文遠在唐以前，我們不能說中國沒有一線相〔傳〕的故事小說也。」，「『說平話』的職業上的需要，在小說體裁上留下不少的痕跡。此是一例。『且聽下回分解』的組織又是一例。」（第四冊，頁五三一）

○一九二八年十月十八日

考證參同契年代，不抄。（第五冊，頁三六五—三六九）

胡適〈參同契的年代〉收入歐陽哲生編《胡適文集》，第五冊，北京市：北京大學出版社，一九九八年，頁四九一—四九三。

○一九二八年十月二十一日

「孫佳訊的〈鏡花緣補考〉，很可修正我的引論的一些小錯誤。我考《紅樓夢》、得顧頡剛與俞平伯；考《西遊記》，得董作賓；考《水滸傳》，得李玄伯；考《鏡花緣》，得孫君；這都是拋磚而引玉，使我十分高興。」（第五冊，頁三九七）

○一九二九年三月五日

「在北京時，見鄧之誠（文如）先生新著《骨董瑣記》卷七（頁十九）有〈蒲留仙〉一條云：

……鮑以文（廷博）云，『留仙尚有《醒世姻緣》小說，實有所指，書成為其家所許，至褫其衿。』

我曾托余上沅轉託袁勵準先生轉致一函給鄧先生，問他鮑氏的話見於何書。久不得他回答。後又託關鐸先生代問，今日得關先生回信如下。我的一個大膽的假設又證實了。

適之先生左右：頃得鄧君文如電復，蒲留仙著《醒世因緣》事，乃聞之繆藝風。袁珏老之寄語並未得達。渠亦甚願一晤左右，告以不日即南下，渠亦早晚赴白下也。特此奉復。即頌

行安

弟　關鐸再拜

己巳元夜

在君先生附候」

（第五冊，頁五三五—五三六，謝謝中研院趙麗婷小姐協助覆查這筆資料。）

○一九三〇年二月三日

「《百回水滸傳》末寫宋江、李逵之死還像個樣子，此外都不足道了。」（第六冊，頁六十三）

○一九三〇年七月十九日

《醒世恆言》三頁，不抄。（第六冊，頁一九四—一九六）

○一九三〇年十月二十二日

《聊齋》四頁，太長，不抄。（第六冊，頁三四三—三四六）

○一九三一年十二月七日

《石頭記》，不抄。（第六冊，頁六四八）

○一九三五年六月七日

中國長篇小說，只可分兩類，各個六部。

1、逐漸演變的：

《三國》、《水滸》、《西游》、《封神》、《隋唐演義》、《三俠五義》

2、創作的：

(1)《金瓶梅》（約1580-1600年）。

(2)《醒世姻緣》（約1705年）。

(3)《儒林外史》（約1750年）。

(4)《紅樓夢》（約1760年）。

(5)《鏡花緣》（約1820年）。

(6)《海上花》（約1890年）。

（第七冊，頁二一六—二一七）

○一九三七年三月七日

「諸書記羅貫中的籍貫不一致。或稱為太原人，或稱為杭州人。百十五回本《水滸》稱為『東原』人。今夜讀《秋澗集》，見其中兩次提及『東原』，其中一次顯然指東平。因查得『東原』即宋之鄆州。後又偶翻《元遺山集》，稱『東原王君璋』，玉汝是鄆人。羅貫中是鄆人，故宋江、晁蓋起於鄆城。」（第七冊，頁三九一）

○一九四○年十一月十一日（部份）

《封神演義》第二十四回姜子牙引「古語有云：將相本無種，男兒當自強。又曰，學成文武藝，貨與帝王家。」可見此語之古。

《封神》十九回妲己說：「我本將心托明月，誰知明月照溝渠？」（第八冊，頁七三—七四）

○一九四七年八月一日

胡適的在北平廣播電台播講〈眼前世界文化的趨向〉：「我們從前看過《封神紀》小說，諸位總是記得『千里眼、順風耳』的故事。現在北平可以和南京通電話，上海可以同紐約通電話。人同人可以隔著太平洋談話談天，可以和六大洲通電報，人類的交通已遠遠超過小說裡面的『千里眼、順風耳』的神話世界了！」（第八冊，頁二九六）

○一九四八年七月十三日

在《進士題名錄》發現有正書局八十回《紅樓夢》作序的人與曹雪芹同時人。（第八冊，頁三五八—三五九）

○一九五〇年十二月十二日

猜想吳敬梓《儒林外史》的虞博士即江寧府訓導唐時琳。（第八冊，頁五四五）

○一九五六年二月十九日

「去年大陸上印出了一部《水滸研究》，著者署名「何心」。此書是一部很好的考證，可以說是結《水滸》研究的總賬的書。

此書有批評我的一些地方，大致都很對。

我很想知道這一新起的《水滸》研究專家，曾寫信去託程靖宇訪問此人的真姓名。

我猜是孫楷第（子書）。

但今天童世綱兄告我，「何心」是陸澹盦先生，是項定榮夫人的父親，當訪項君夫婦細問其生平。」（第九冊，頁一八一）

出乎常理

——胡適談美國總統

一

胡適的美國總統表述散佈以下胡適文獻：日記、致韋蓮司的信件、以及文章。本文引用的胡適致韋蓮司信文都出自周質平中譯：《不思量自難忘——胡適給韋蓮司的信》。[1]這個追蹤非僅體會胡適對美式民主政治的嚮往和學習而已。我們會發現胡適的美國總統評價，即使樣本數量很少，銳利並且謹慎。胡適注意到美式民主政治難逃事在人為的主觀因素。他明知美式民主政治問題重重，仍嘗試在其中尋找可借用於中國的東西。一九一六年十一月九日致韋蓮司信有句：「也許美國選舉根本不干我的事。但是，我卻有點情不自禁！」[2]這種努力一直持續到他的後半生。一九五六年十月二十一日胡適〈述艾森豪總統的兩個故事給蔣總統祝壽〉藉由艾森豪（Dwight David Eisenhower, 1890-1969，任期1953-1961）不懂實務的笑話來勸蔣介石放手讓下屬處理業務。別人嘴裡的艾森豪負評變成胡適筆下的讚美。胡適主張居高位者應該確認自己所知有限，充分授權部屬執行任務。[3]當然，胡適的意見是否正確，在於那些高階幕僚的品質（幹練、公正、清廉等等）。很難一概而論。

---

1 胡適撰，周質平編譯《不思量自難忘——胡適給韋蓮司的信》，台北市：聯經出版公司，一九九九年。

2 見註1，頁一一二。

3 歐陽哲生編《胡適文集》第十一冊，北京市：北京大學出版社，一九九八年，頁八一九—八二二。

胡適日記原意在於出版，供大眾閱讀。然而目前沒有證據顯示他計劃公開自己給韋蓮司的私信。他自己不留那些私信的副本。因此這些信件往往包含著他甚至在日記中都不會透露的訊息。本文將討論胡適對美國種族歧視的評論，以及美國總統排名順序，都再次證明這些私信的價值。

這個爬梳可以窺見胡適執著於中國人的立場去評估美國總統，然後回馬一槍，從美國統獨經驗反過來思考中國現況。所以這是個值得討論的議題。

二

一九一一年胡適到美國康乃爾大學農學院念書，美國總統是塔虎脫（William Taft, 1857-1930，任期1909-1913）。次年轉到文學院就讀。年底遇上總統大選，當選者是威爾遜（Thomas Woodrow Wilson, 1856-1924，任期1913-1921）。外國留學生首次見識美國民主政治運作，難免好奇。胡適尤其興致勃勃。日記一再記載關於總統選舉的見聞。

一九一二年十月九日日記，胡適親自去現場聽進步黨演講。這是目前所見文獻裡胡適首次觀摩美國選舉活動的記載。日記特別提到這是羅斯福的政黨。這位羅斯福指卸任總統西奧多・羅斯福（Theodore Roosevelt, 1858-1919，在位期間1901-1909）。羅斯福因為結束日俄戰爭所做的貢獻而獲得一九〇六年諾貝爾和平獎，成為第一位獲得諾貝爾獎的美國人。一九一二年羅斯福失望於塔虎脫的保守主義風格，企圖捲土重來，贏得共和黨總統候選人提名，但未能成功。於是他創立了進步黨並於一九一二年參選總統。

十七日日記，胡適再去現場聽演講，並追記兩天前羅斯福演說遇刺未死的新聞，有句：「其鎮靜雄毅之態，真令人敬愛」。羅斯福遇刺發生於三天前（十四日）。羅斯福在登上講台之前遇刺。子彈貫穿鋼製眼鏡盒以及五十幾頁厚度的講稿，減慢速度，卡在胸部，沒有傷及重要器官。羅斯福不顧幕僚建議，發表演講，然後才離開現場。

日記列出三位美國總統遇刺身亡的姓名及其死亡年份。名列前茅的是林肯（Abraham Lincoln, 1865）。其他兩位是：加非爾（James A. Garfield, 1881），麥荊尼（William McKinley, 1901）。[4]胡適很早就知道美式民主並非完美，政治人物可以成為暴力的犧牲品。

胡適的美國政治興趣牽動他的動員能力。一九一二年十月三十日日記，胡適說自己在世界學生會餐堂發起「遊戲投票」，選舉美國總統。胡適列表記錄五十三個學生投票結果，並寫下五個值得留意的事項。第五項說中國學生拼錯候選人羅斯福的英文名字，「不可恕」，「真可恥」。

4 《胡適選集——日記》，台北市：文星書店，一九六六年六月，頁八十，頁八十三—八十四。

> 吾國人所寫票，有一人作Roosvelt，猶可原也；其一人作Roswell，則真不可恕矣。羅氏為世界一大怪傑，吾人留學是邦，乃不能舉其名，此又可見吾國人不留心覘國之事，真可恥也。[5]

胡適日記盈篇累牘，激烈責備華人同胞的類似案例只有三十幾起，並不算多。胡適演講或行文都儘量避免人身攻擊，但常常抑制不住恨鐵不成鋼的焦慮。一九二六年九月五日致韋蓮司信說：

> 一個〔東方〕演說者面對美國聽眾時，〔聽眾〕所期望於他的，是泰戈爾似的信息，那就是批評譏諷物質的西方，而歌頌東方的精神文明。我可沒有這樣的信息。相反的，我寫了一篇文章（離開中國前剛發表），在這篇文章裡，我指責東方文明是完全唯物而又沒有價值的，我讚揚現代西方文明能充分滿足人類精神上的需要。誠然，我所給予東方文明的指責，比任何來自西方〔的指責〕更嚴苛，而我對西方現代文明的高度評價，也比西方人自己所說的更好。

---

5 見註4，頁八八—九十。

> 這樣出乎常理的意見，一定會讓那些對泰戈爾這種人趨之若鶩，而又期望聽到所謂「東方」信息的人感到失望和震驚。[6]

注意胡適政論或時評裡這個夫子自道的特徵：「出乎常理」。這種論述方式的核心哲學關乎中國思維的取恕之道：「取」作「學習」或「認可」解，「恕」作「原諒」或「忽略」解；承認對方並不完美；學習對方長處，不學對方短處。稍後我們將討論一個「出乎常理」的實例。

胡適沒有美國公民投票權，但可以參與學校的遊戲選舉。一九一二年十月三十一日日記說大學日報另有遊戲選舉，胡適投票給羅斯福。日記用琳瑯滿目的表格抄錄遊戲選舉結果。表格內容注意到粗糙但具體而微的選民區塊觀念，個別統計學生票、教員票、和女生票的各別趨勢。該則日記也兼顧紐約州長選舉。

十一月五日是美國大選日。當天日記記晚上胡適進城去觀察兩家報館即時報告各州選票結果。次日日記記下大選結果。威爾遜當選。此則日記刻意寫下美國總統雖然是全民投票，但計票時，僅以「選人票數」（現譯為「選舉人票數」）為準：「選人票數共得五百三十

---

[6] 見註1，頁一五四。

一，得二百六十六為過半，威氏得三百八十七，則其被選決矣。」那是沿用至今、具有爭議性的美國大選特色。全民得票總數和選舉人得票總數不一定一致。贏得全民選票半數以上的候選人未必贏得半數以上的選舉人選票。歷史上已經發生過幾次這種互不相容的選舉結果。胡適沒有深入分析這個奇怪制度的得失，但並未因為自己支持的候選人（羅斯福）落選而表示不滿。當時胡適崇敬威爾遜。一九一六年威爾遜贏得連任。十一月九日致韋蓮司信：「選舉的結果讓我感到非常興奮」，「我希望威爾遜會當選」。[7]稍後我將提為何後來胡適的威爾遜評價驟然下降。

胡適的動員能力促使他發起學習美國政治運作的活動。十一月七日日記，記錄自己動念成立「政治研究會」。十一月十六日日記，記在自己居室開第一次會：「會員凡十人」。除了決定研究會的運作方式之外，自己和另位同學充任第一次會議演講員，講題是：「美國議會」。可見胡適的好奇延伸至美國國會機制。接下來連續兩個星期六，十一月二十三日以及十二月七日，日記都記錄在自己房間如期舉行會議，但無細節。[8]

---

7 見註1，頁一一二。

8 見註4，頁九十，九四，九五。

三

胡適的美國總統意見是他觀摩美國政治實際運作以及長期研習美國政治歷史的結果。一九二一年六月十九日〈林肯序〉評論一部根據林肯生平故事改編的戲劇，公開表態敬佩林肯。然而根據最近的美國歷史研究，〈林肯序〉的事件總結有些過於簡化：

> 林肯是一個大政治家，他知道黑奴問題比統一問題輕得多，故他認定「維持統一」為戰爭的第一個目的。故他說：「如果不釋放奴隸，可以維持統一，我要做的；如果釋放全數的奴隸可以維持統一，我要做的；如果釋放一部分，留下一部分，可以維持統一，我也要做的。我戰爭的第一個目的是要維持統一。」但他始終不曾忘記黑奴的問題。故國軍戰事順利之後，林肯知道南軍的敗挫已可決定了，他就不顧內閣的反對，毅然決然的宣布釋放黑奴的宣言。[9]

胡適引用的「三個如果」出自林肯的一封公開信。一八六二年八月二十日，紐約論壇

---

9 〈林肯序〉，收入《胡適文存》第一集卷四，上海市：亞東圖書館，一九二一年十二月，頁一一三一—一一四〇。收入《胡適文集》第二冊，頁六一一—六一五，見註3。

報編輯賀拉斯・格里利發表致林肯總統的公開信，題為「兩千萬人的祈禱」，敦促林肯認識奴隸制度是戰爭根源，並且大膽解放奴隸。兩天後（二十二日）林肯回信給格里利，第三天（二十三日）發表在華盛頓特區的《國家情資報》，明確表示當前政府的首要目標是統一全國。該信在胡適引用的「三個如果」之前有以下這句話：「我在這場鬥爭中的首要目標是拯救聯邦，而不是拯救或摧毀奴隸制度。」林肯謹慎澄清官方立場，同時重申自己個人的願望：「無意改變我經常表達的個人願望，即讓天下所有人都能獲得自由。」

在撰寫公開回覆之前，林肯已經草擬「解放奴隸宣言」。為何林肯遲疑，沒有立即宣布「解放奴隸宣言」？可能原因是認為當時支持解放黑奴政策的民意仍不夠充分。

黑奴制度在美國行之有年。很多開國元勳包括國父華盛頓在內都是畜奴主。實施黑奴制度的名為「黑奴州」，禁止黑奴制度的叫做「自由州」。南北戰爭肇因與黑奴爭議相關：憲法是否明文禁止黑奴制度，黑奴制度是否可以施行於新近擴張的西部疆土之上，黑奴州的畜奴主是否可以進入自由州境內合法追捕逃跑的黑奴等等。南方十三個州叛變，自組新政府並發動戰爭。北方政府應戰，為了國家統一，允許隸屬北方政府、位處南北交界的四個邊境州續行黑奴制度。黑奴制度存在的主因是經濟：黑奴提供廉價的勞動服務，而且每個黑奴都是畜奴主可以自由買賣的財產。美國朝野沒有足夠的道德醒覺力量來主張：解放黑奴比國家統一更為重要。

一八六三年元旦北方政府實施「解放奴隸宣言」，最初只是戰爭手段：南方政府轄區內的黑奴被迫從事軍事後勤工作以及維持農業發展，實際在支撐南方軍力，所以解放南方黑奴乃順理成章的軍事策略。「宣言」沒有解放北方政府四個黑奴州內的黑奴。

林肯明言「宣言」是軍事策略，一方面安撫北方民心，一方面在統一全國之外，公佈了戰爭的第二個目的：解放南方政府轄區內的黑奴。一九六五年四月林肯被刺殺，五月南北戰爭結束，十二月修憲而全面解放黑奴。

胡適在中文或英文的公眾言論裡很少評擊美國內政。他的公眾言論往往雙標：要中國學習西方國家的優點，要爭取西方國家對中國的瞭解和支持。〈林肯序〉諱言林肯時代美國的種族歧視問題，原因誠如前引致韋蓮司私信所言：「出乎常理」，以便振聾發聵。

胡適絕非無知於美國社會的種種弊端。其中之一，是歧視黑人的問題。一九一五年一月十日致韋蓮司信，談美國參議院剛剛通過的移民法案對黑人（以及華人）不公：

> 人們一方面要公正，要「費爾波賴」（譯者按：fair play 即公平的對待），要自由；但另一方面，他們又要對他們認為的次等人，否認他們有享受這些「好事」權利的基本原則。他們要免除對比利時人的審查，而要把黑人排除在外！你看到了「有組織的洗衣同業公會」向中國洗衣工人所遞交的抗議書嗎？我真忍不住要發笑。

就個人來說，我可以原諒那些主張〔把黑人〕排除在外的人。他們並不知道在做什麼！但讓我感到痛苦的是那基本的原則。當然，我希望威爾遜總統會否決這個法案，就如塔虎脫總統（President Taft）在卸任前所做的一樣。我非常高興知道，你對這件事有興趣。[10]

美國種種政治缺陷並沒有削弱胡適對美國總統選舉制度的熱情。同年二月五日致韋蓮司信，要韋蓮司「轉寄一份那則〈總統選舉章程〉新聞的複印件」給一位共同朋友，因為胡適要那位朋友看看這個「了不起的『選舉』制度」。胡適信文並無諷意，意在正面誇獎美國總統的選舉制度。[11]

胡適始終未忘奴隸制度的罪行。一九五九年五月二十九日，胡頌平記錄胡適言論如下：

我們唐宋時代的「崑崙奴」，就是阿拉伯人和波斯人把黑人賣到中國作奴隸的。[12]

10　見註1，頁十六。
11　見註1，頁二一九。
12　胡頌平編著《胡適之先生晚年談話錄》，台北聯經出版社，一九八四年，頁二十七。

歷史學家胡適認為奴隸制度不限於美國。唐宋社會也曾有與種族歧視相關的奴隸買賣活動。

四

一九四五年四月十六日胡適給韋蓮司信提到三位美國總統的排名順序：

今年這個星期，由於你們一個偉大總統的去世顯得非常哀戚。這使我無法釋懷。林肯死在80年前的上個星期六。上個星期六我在紐約，我在華盛頓和紐約聽著喪禮的進行，我的思緒回到了80年前，想到一個偉大的領袖死後，無人能繼承他的偉業。我只希望你們的新總統在接掌這個重大工作的時候，有過充分的諮詢。

羅斯福總統去世以後，留下了一個空缺，任何人都很不容易填補上這個空缺。從許多方面來看，他比威爾遜總統做得更好，而威爾遜是你我都很崇敬的。羅斯福有一種個人的魅力，這似乎是威爾森所欠缺的。有一天，我會告訴你，中國在長期戰爭、最困難的時刻，羅斯福為中國做了什麼。[13]

13 見註1，頁二五二—二五三。

這封信裡的日期需要些解釋。胡適寫信那天（一九四五年四月十六日）是星期一。這位羅斯福指富蘭克林・羅斯福總統（Franklin Delano Roosevelt, 1882-1945，在位期間1933-1945）。他是美國任期最長，也是唯一任期超過兩屆的總統。胡適信沒有詳述羅斯福對中國的幫助。在二戰期間，英國首相邱吉爾輕視中國國軍戰鬥能力，羅斯福卻視中國為主要同盟國，透過租借法案向中國提供大量軍事物資和財政支援，加強中國抵抗日軍的能力，牽制大部分日軍於中國，防止日軍擴展其他太平洋戰區。歷史學家根據史料證明：羅斯福不顧幕僚重歐輕亞的書面戰略規劃，就實際需要而調配戰爭資源；總統個人意志凌駕政府機制意見。結果是：總體而言，二戰期間美國的歐亞戰爭資源（包括實際的三軍軍力在內）大致均等。

一九三六年十月三十一日胡適致韋蓮司信，報告剛到加州舊金山，有句：「我也許可以看到第三次大選，和民主黨第三次的勝利！」十一月三日大選，民主黨的富蘭克林・羅斯福總統競選連任成功。十一月五日致韋蓮司信：「昨晚選舉的結果讓我高興極了！我在這個國家見到了民主黨第三次的勝利！」[14]「三次」指胡適在美國巧逢民主黨候選人當選總統。在此之前，民主黨的威爾遜兩次當選，一九一二年和一九一六年，胡適正好在美國。

羅斯福死於上個星期四（四月十二日）。胡適在上個星期六（四月十四日）聽到的是羅

[14] 見註1，頁二〇六，頁二〇九。

斯福的喪禮。信裡提到八十年前的「上個星期六」，指一八六五年四月十五日，林肯過世的日子。

一九四五年四月十六日信並非胡適最後的羅斯福評價。當時胡適不可能知道雅爾達密約已發生。遲至該年六月，美國代理國務卿約瑟夫・克拉克・格魯（Joseph Clark Grew, 1880-1965），才正式告知中國外交部長宋子文，同年二月十一日簽定的雅爾達密約內容。[15]雅爾達密約拖到一九四六年才公諸於世。一九五〇年胡適檢討雅爾達密約，認為羅斯福受了史達林的欺騙，蘇聯因此幫助中國共產黨壯大，擊敗國民黨軍隊。這個歷史觀點至少可以平衡許多西方歷史學家忽略羅斯福介入國共內戰的深度，僅以國共內戰結果（中國共產黨打敗國民黨）來指稱蔣介石或國軍無能的說法。

假設我們可以借用宿命論邏輯，視歷史為許多「必然事件」的累積。那麼諸如此類的雅爾達密約後果都可接受：外蒙古變成俄羅斯的附庸國而「獨立」，俄軍接收中國東北（包括大連港和滿洲鐵路），然後中國共軍在東北接收日本降軍武裝而壯大等等。然而即令如此，

15 見參考資料13，頁二二三，二八七。一九四九年底，胡適英文演講，講稿中譯是〈民主與極權的衝突〉，引用雅爾雅密約之前（一九四〇和一九四一年）的羅斯福演講，讚揚羅斯福領導民主國家對抗極權國家的歷史貢獻；見《胡適選集－政論》，台北市：文星書店，一九六六年六月，頁一八五－一九八。足見胡適沒有因為雅爾達的錯誤而全盤否定羅斯福的貢獻。

我們仍然無法忽略胡適從廣義中國立場來負面評價羅斯福，我們不以個人健康或其他因素來為羅斯福卸責。理由有二。其一，美國允許俄國奪取幾個日俄歷史的衝突地區，情有可原，因為此時日本是美俄共同敵人；但任由俄國侵佔中國領土（外蒙古、中國東北、滿州鐵路、大連港等等），則罪無可赦。豈有不經盟友（中國）同意就決定其部份領土命運的道理？其二，羅斯福曾私下考慮，但未及在雅爾達會議裡提出，俄羅斯強行租借大連，可予英國將來拒絕歸還香港給中國的藉口。[16]

胡適用一個故事來暗示羅斯福不了解中國東北地區的地理狀況以及中日關係的錯綜複雜：羅斯福曾面告中國駐美大使胡適，自己將以美英兩國處理兩個小島爭執的經驗來處理中國東北領土的中日歸屬爭議。胡適事後調查發現，那個美英前例涉及極小的區域。胡適用長度單位「里」和「碼」描述長度和寬度。[17]我換算為公里，兩島總面積不超過兩平方公里。居民總共四十四人。完全不能和中國東北現狀相提並論。

胡適的羅斯福看法值得參考。羅斯福自認精於御人，意圖憑一己之力就可以感化「泛泛之輩」史達林，曾出狂言：「把那個警惕的共產黨老虎（指史達林）改造成一隻小貓，接受

---

16 見參考資料13，頁二二三，二八七。

17 胡適〈史達林雄圖下的中國〉。這篇文章有幾種中譯版本。請參考本書〈胡適．白崇禧．蔣介石——《悲歡離合四十年——白崇禧與蔣介石》的一種讀法〉。

西方國家的二戰後的世界佈局看法。」[18]當時有些羅斯福核心幕僚就已擔憂主子失之幼稚。在雅爾達會議裡羅斯福（和邱吉爾）視而不見史達林開疆擴土的野心。羅斯福急欲史達林同意兩點。其一，對日宣戰，以便減少亞洲戰場的美軍傷亡。其二，加入正在籌劃中的聯合國，支持聯合國成為戰後的全球警察。史達林一時對聯合國仍遲疑不決，但提出對日宣戰的幾個條件。在接收中國東北之外的條件之一，是取得千島群島。羅斯福沒有精確界定千島群島的範圍，以致史達林後來宣稱長達七百英里的群島主權：從日本的北海道延伸到西伯利亞的堪察加半島。羅斯福在雅爾達會議結束後大約兩個多月就死於腦溢血，沒能面對二戰結束後的尷尬局面：戰後蘇聯大為膨脹歐洲地盤；三巨頭（史達林、羅斯福、邱吉爾）的最大贏家是史達林。深受重用、參與雅爾達會議的美國駐蘇大使哈里曼（William Averell Harriman, 1891-1986），在暫且不論史達林凶殘過往的前題下，事後這樣評估：「史達林比羅斯福更有見識，比邱吉爾更現實，在某些方面，史達林是三人之中最能幹的戰爭領袖。」[19]

羅斯福無知於亞洲，和稍後我們會簡要提到威爾遜無知於歐洲，可能在伯仲之間。

就胡適一九四五年四月十六日信看來，三位美國總統高下立判。林肯居首，富蘭克林・

---

18 見參考資料11，頁一八〇。

19 見參考資料11，頁二六四。

羅斯福因為幫助過中國而居次，威爾遜排名第三。威爾遜在位時期帶領美國參與第一次世界大戰。〈林肯序〉曾經負面評價威爾遜在第一次世界大戰之後的表現。該文意在談林肯，卻忍不住古今對照，批評威爾遜：

這是林肯與威爾遜不同之處。威爾遜等到戰爭終了之後方才談到善後的條件，故完全失敗。林肯不等戰爭終了之後就先實行他的理想，故完全勝利。[20]

胡適沒說威爾遜為何在第一次世界大戰之後「完全失敗」。鑒於健康情況突然惡化、或個性倔強而不善於溝通意見、或無知於歐洲錯綜複雜的歷史恩怨、或其他原因，威爾遜無法在巴黎推動自己構想的戰後和平協議，無法說服美國參議院接受「凡爾賽條約」並允許美國加入國聯。威爾遜為了說服日本參加國聯，甚至默許將德國在中國的佔領區（山東）割讓給日本，顯然不惜侵犯（中國的）民族自決權。某些美國歷史學家認為：在全球國際秩序領域，威爾遜的歷史定位，重於概念，而輕於實踐。這個評價或可解釋胡適看清威爾遜的敗象之後，一九三七年十二月二十日致韋蓮司信，說自己最近在給別人信件裡引用了威爾遜的

[20] 見註9，頁一一三四—一一三五。

話。[21]

那麼在胡適心中，美國總統如何排名？胡適讚揚，沒有負面評論艾森豪和西奧多・羅斯福。如前所述，一九一二年胡適在自己發起的遊戲投票當中，曾在西奧多・羅斯福和威爾遜之間有所選擇，投票給西奧多・羅斯福。胡適認為威爾遜和富蘭克林・羅斯福都無知於外國事務（歐洲或中國）。從胡適支持國民政府的角度來看，富蘭克林・羅斯福最初幫助，但最終（雅爾達密約）傷害中國。我闡釋胡適的美國總統排名順序如下：

排名	美國總統	正面評論	負面評論
1	林肯	解放奴隸，統一美國，啓發孫中山三民主義	
2	艾森豪	承認自己所知有限，充分授權部屬執行任務	
3	西奧多・羅斯福	遇刺時刻鎮靜雄毅	
4	富蘭克林・羅斯福	幫助中國抗日	無知於中國，簽定雅爾達密約
5	威爾遜	部分政治概念值得引用	無知於歐洲

胡適主動思考美國總統排行，意義之一在於他了解民主制度並不一定產生對老百性、國

21 見註1，二一一。

家、社會等等，最優秀的領袖。民選總統賢愚參差，未必比非民主方式產生的領袖高明。胡適所推崇的是候選人和平爭取選票的機制，人民表達政治看法的自由，以及總統任期的規定等等。在他心目中，這是沒有其他更好選項之際，最佳的政權轉移方式。

本文下一節將討論歷史資訊累積，從簡單變繁複，林肯排名持續居首的有趣現象。

五

一九五九年一月二十九日胡適受台北美國新聞處邀請，在「美國之音」錄音演講。演講稿刊出時，標題是「紀念林肯的新意義」。[22]

〈紀念林肯的新意義〉認為如果林肯僅只統一全國，歷史地位不可能像現在這樣崇高；林肯為美國全面解放黑奴鋪路，以致受人尊敬。也就是說，南北戰爭結束之際，全面廢除黑奴制度迫在眉睫，勢在必然，乃林肯宣佈「解放奴隸宣言」並且戰勝南方叛軍的結果。林肯營造沛然莫之能御的情勢，所以歷史學家們仍肯定林肯解放黑奴的功勞。

直到今天，全世界最不忘記的，最崇敬的林肯，就是那位偉大的奴隸解放者林肯。

22 〈紀念林肯的新意義〉，收入歐陽哲生編《胡適文集》第十二冊，見註3，頁六二五—六二七。

至於統一全國的成就，〈紀念林肯的新意義〉引用林肯的幾句名言：

> 一個自己分裂的家庭是站不住的。
>
> 我相信，在一半是奴隸，一半是自由人的狀態，這個政府是不能長久存在的……（略）……將來總有一天或全部是奴隸，或者全部是自由人。

引文出自一八五八年六月十六日林肯的著名演講：「分裂之家」（House Divided）。我抄錄原文如下：

> A house divided against itself cannot stand.
>
> I believe this government cannot endure, permanently, half slave and half free. ... (text skipped) ... It will become all one thing, or all the other.

最近美國歷史學家發掘資料，證實南北戰爭時期聯邦政府面臨的許多挑戰。其中最大宗的是種族歧視的觀念籠罩北方政府轄區，產生反戰阻力。北軍年輕士兵大多相信白人至上乃上帝和自然的命定秩序，不願為了南方黑奴的利益而犧牲性命。北方確有役男自殘肢體以避兵役的案例。[23]北方政府徵兵，防堵逃兵，以及阻止假裝傷病退伍，都是必須克服的挑戰。

另一重要發現是林肯總統本人的種族歧視程度其實也未可小觀。他衷心反對黑奴制度，但仍然認為白人優越於其他人種。林肯不認為總統有改變奴隸制度的權力。肯塔基州是隸屬北方政府的四個黑奴州之一。一八六四年三月二十六日，肯州《法蘭克福聯邦報》編輯阿爾伯特・霍奇斯（Albert G. Hodges, 1802-1881）以及其他兩個肯州政要連袂晉見林肯總統，以便表達他們對於聯邦政府為解決兵源問題而在肯州徵募黑人入伍的不滿。於是林肯簡短解釋了自己對黑奴制度的看法。三個訪客大為折服。霍奇斯請求林肯寫下那段說詞，以便刊登。林肯答應會做書面回應，請他們先行回家。同年四月四日，林肯如約寫了封信。此信現在是了解林肯思想的重要文獻之一，因其清楚記錄林肯反對黑奴制度的堅定立場。以下摘錄幾個關鍵句子：

23 見參考資料6，頁頁一三八—一四四。《資治通鑑》有隋唐以至唐初時期平民自殘以逃避兵役的記載。卷一百九十六，貞觀十六年，朝廷下令禁止隋朝傳下來的自殘舊習：「庚申，制：『自今有自傷殘者，據法加罪，仍從賦役。』隋末賦役重數，人往往自折支體，謂之『福手』、『福足』；至是遺風猶存，故禁之。」卷一百九十七，貞觀十八年，唐太宗自誇高麗遠征軍都是自願軍。那批遠征軍是否全都是志願者，可以再議。他的誇耀足以證明前引的「賦役」包括兵役在內，當是自傷手足以避兵役：「朕今征高麗，皆取願行者」，比隋煬帝高明，「煬帝無道，失人已久，遼東之役，人皆斷手足以避征役。」

我天生反對奴隸制。如果奴隸制沒有錯，那就什麼都沒有錯。我不記得我什麼時候不曾這麼想過、這麼覺得。然而，我從未明白總統職位賦予我不受限制的權力，讓我根據這個判斷和感受採取官方行動。[24]

林肯雖與當時被視為具有負面影響、導致國家分裂的廢奴主義者（abolitionist）密切交往，但仍「不能」也「不願」以解放黑奴為國家第一要務。黑白平權根本不在當時社會主流道德範疇之內。廢除奴隸制度後，解放不等於「平權」，解放後的黑人不能有投票權，不能成為正式公民。在那個時代，白人至上仍是可以公開討論的主導思想，認為黑人（以及其他非白人，包括華人在內）是次等人種。有些自由州並不歡迎身份自由、並非奴隸的黑人入住。

凡此種種，反而更加鞏固了林肯的歷史地位，因為他克服了客觀的困難，而且不讓自己的種族偏見影響他解放黑奴（至少是解放南方政府管轄區內的黑奴）的決定。畢竟「解放奴隸宣言」為全面解放黑奴鋪設了不可逆轉的前進方向。

美國歷史學家藉由文獻來印證林肯個人在種族議題（例如平權和移民）上的成熟過程：批評他的偏見，體會他的改變，以及確認跨越那些錯誤和囿限的施政。在林肯去世後的許多

24 見參考資料14，頁頁二〇七—二〇八。

年裡，歷史學家經常把林肯放在美國總統排行榜之首，就是接受林肯種族思想的局限，同時肯定他超越歷史鎖鏈，體現（未盡理想的）人道主義。雖然那不是今日理解的種族問題的最高道德標準，但總也算是美國道德思想演進歷史的一個里程碑。

值得注意〈紀念林肯的新意義〉另闢蹊徑來肯定林肯：林肯予孫中山的影響。孫中山自己說，一八六三年十一月十九日林肯蓋梯斯堡演說的「民有，民治，民享」促成了孫中山三民主義的「民族，民權，民生」。林肯的三句話後來甚至進入了中華民國憲法第一條。胡適抄錄如下：

中華民國基於三民主義，為民有，民治，民享之民主共和國。

〈紀念林肯的新意義〉認為那是中國人民崇敬林肯的證據：「我相信這是我們中國人民對林肯表示的最高的崇敬。」在這說法裡的「中國人民」至少是指中華民國憲法涵蓋地區的華人。當然，是否「所有」中華民國憲法涵蓋地區的華人都因此而崇敬林肯，可以再議。這篇文章是美國之音為慶祝林肯一百五十年周年而作的演講稿，當是胡適在那個國民外交場合的應景之作。我們無需責備此文誇張總人數，不妨試試瞭解胡適的思考邏輯在於強調這不是限於他個人的，而是許多其他人共有的，林肯崇敬。眾人勝於單一。胡適嘗試做個突破個人私己的表述。

胡適不大可能預見最近的美國歷史學家研究成果。但是〈紀念林肯的新意義〉基於現存資料所做的判斷，完全附合新近美國歷史學家的意見。他是否高瞻遠矚，並不要緊。重要的是他一向主張理解歷史情境在先，月旦歷史人物次之，正是最近美國歷史學家研究林肯的主要思維方法。

對胡適來說，林肯是「古人」，兩位羅斯福和威爾遜都是「今人」。古勝於今。胡適和大部分美國歷史學家意見一致，林肯是美國總統的最棒。

六

《胡適英文口述自傳》作於晚年，憶述留學初期學習美國政治運作的過程以及對西奧多・羅斯福、威爾森的初步印象，沒提後來的成熟的美國總統評價。那個自傳總結自己和實際政治運作的關係，值得回顧。以下是唐德剛的中譯：

> 我一生之中，除了一任四年的戰時中國駐美大使之外，我甚少參預實際政治。但是在我成年以後的生命裡，我對政治始終採取了我自己所說的不感興趣的興趣（disinterested-interest）。我認為這種興趣是一個知識分子對社會應有的責任。

「disinterested-interest」意指客觀冷靜留意。胡適的美國總統選舉興趣就是個例子。一九五二年十二月五日，胡適在台灣大學作總題是「治學方法」的系列演講。第二講「方法的自覺」提到四年前（一九四八年）美國大選民意測驗結果諸多錯誤，足見社會科學欠缺自然科學那種精準。[25]客觀冷靜並不意味封口噤聲。政治議題一旦涉及中國，胡適時會熱情公開評論。一九五四年胡適提醒讀者范仲淹名句「寧鳴而死，不默而生」的現代意義。[26]

周質平列舉五篇胡適「雄文」沒收入北京大學出版社的《胡適文集》之內。「雄文」大概指膽氣宏壯、眼光遠大的文章。周質平為大陸胡適研究圈的寂靜反應而「憂心氣短」：

> 但擺在我們面前的雄文，如一九四七年的〈我們必須選擇我們的方向〉、一九四九年〈陳獨秀的最後見解序言〉、〈民主與極權的衝突〉、一九五〇年〈共產黨統治下絕沒有自由〉、一九五五年的手稿〈四十年來中國文藝復興運動留下的抗暴消毒力量——中國共產黨清算胡適思想的歷史意義〉都見摒於《胡適全集》之外。最令人憂心氣短的是，這樣人盡皆知的檢查制度，在整個胡適研究圈裡，竟無一人提及，視政治

25　唐德剛譯註《胡適口述自傳》，收入歐陽哲生編《胡適文集》第一冊，見註3，頁二一〇。

26　〈「寧鳴而死，不默而生」——九百年前范仲淹爭自由的名言〉，收入歐陽哲生編《胡適文集》第十一冊，見註3，頁八一四—八一八。

干預學術為當然！[27]

誠哉斯言。這篇〈紀念林肯的新意義〉的結論可能值得《胡適全集》的讀者留意：

林肯在一百年前說的這幾句話，今天在我們的心裡得著同情的響應，正因為我們現在正面對著一種新起的，更殘酷的奴役人們的身體與精神的奴隸制度——這種新起的奴隸制度已經把一個很大部分的人類都變作了奴隸，而且還在很嚴重的威脅著整個世界。

我們在自由中國的人，在自由世界的人，都常常忍不住要問我們自己：

我們這個一半是奴隸，一半是自由人的世界能夠長久存在嗎？這個一半是奴隸，一半是自由人的世界究竟還能夠存在多麼久呢？是不是將來總會有一天，正如林肯在一百年前懸想將來總會有一天，或者全部都是奴隸，或者全部都是自由人？

27 周質平〈耿雲志先生與胡適研究〉，台北市：《傳記文學》月刊，二〇二四年九月，頁一一三。

我相信，這是林肯在今天給我們的新意義。[28]

胡適習慣從中國角度評價美國總統，此刻他逆向思考，借他山之石來攻自己之錯。胡適的關切對象常是長時段的中華文明，此刻有個清楚的時空邊界：「自由中國」指台灣。「新起的奴隸制度」指中國大陸。然而日月如梭，胡適的前設條件正在逐漸改變：共產主義不再「很嚴重的威脅著整個世界」；中國共產主義已經開始華化，「奴隸制度」正在發生變革；兩岸制度差異（自由和奴隸）正在慢慢地但穩定地縮小。

客觀環境逐漸易移，沒有改變那三問仍然晨鐘暮鼓的事實。胡適三問，用通俗語言來講就是：兩岸分裂能夠永續下去嗎？兩岸分裂將持續多久？將來中國會統一嗎？

美國南北對峙，南方魯莽挑釁並開戰。林肯被迫選擇軍事征服來統一全國。胡適沒提解決兩岸問題的方法，沒說魯莽挑釁或軍事征服是兩岸必須重蹈的覆轍。

---

28 見註3，頁六二七。

參考資料

1、Erica Armstrong Dunbar, *Never Caught : The Washingtons' Relentless Pursuit of Their Runaway Slave, Ona Judge*, New York : First 37 Ink/Atria Books, 2017.

2、James Oakes, *The Crooked Path to Abolition : Abraham Lincoln and the Antislavery Constitution*, New York : W.W. Norton & Company, 2021.

3、Abraham Lincoln, *Lincoln in Private : What His Most Personal Reflections Tell Us About Our Greatest President*, New York : Random House, 2021.

4、Stephen Puleo, *The Great Abolitionist : Charles Sumner and the Fight for a More Perfect Union*, New York : St. Martin's Press, 2024.

5、Ted McClelland, *Chorus of the Union : How Abraham Lincoln and Stephen Douglast Set Aside Their Rivalry to Save the Nation*, New York : First Pegasus Books, 2024.

6、Paul Taylor, *'Tis Not Our War : Avoiding Military Service in the Civil War North*, Connecticut : Stackpole House, 2024.

7、Harold Holzer, *Brought Forth on This Continent : Abraham Lincoln and American Immigration*, Dutton, 2024.

8、Conrad Black, *Franklin Delano Roosevelt*, New York : Public Affairs, 2003.

9、Louis Auchincloss, *Theodore Roosevelt*, New York : Times Books, Henry Holt and Company, 2001.

10、Michael Mandelbaum, *The Titans of the Twentieth Century*, New York : Oxford University Press, 2024.

11、Giles Milton, *The Stalin Affair*, New York : Henry Holt and Company, 2022.

12、Phillips Payson O'Brien, *The Strategists - Churchill, Stalin, Roosevelt, Mussolini, and Hitler - How War Made Them and How They Made War*, Dutton, Penguin Random House UK, 2024.

13、S.M. Plokhy, *Yalta: The Price of Peace*, London: Viking, 2010.

14、Ronald C. White Jr., Lincoln's Greatest Speech - The Second Inaugural, New York: Simon & Schuster Paperbacks, 2002.

共產主義、民主與文化型態

Communism, Democracy, and Culture Pattern

胡適英文講稿

高全之譯

近四十年前，迪金森[1]首度訪問亞洲，發現亞洲並不單調，而是由許多本質不同的國家和人民組成。他列舉了三個主要國家，並試圖用三個字來概括它們各自獨特的文化模式：在印度，一切都是宗教；在日本，一切都是政府；而在中國，一切都是人道。

我引用上述意見來說明我自己的困境。我應邀宣讀關於亞洲的簡短論文，講題是：「共產主義、民主和文化形態」。實際著手準備這個大題目時，我很快就知道無法涵蓋整個亞洲。我必須專注於自己最了解的亞洲地區：中國。

如此大幅縮小範圍，我最好的是藉口是：對熱衷於政治理論的人而言，「中國的共產主義與民主」已經成為一個熱門議題。中國與世界共產主義進行了二十五年的激烈鬥爭。在這些年中，不少人必須生活在某種形式的共產主義政治和經濟組織體系之中，有時只是短期，有時長達數年。在最近幾年裡，幾乎整個中國大陸都處於共產黨的征服和控制之下。

一九四九年九月，中國人民政治協商會議頒佈名為「共同綱領」的憲法。中華人民共和國中央人民政府自一九四九年十月一日起成立。憲法第一條規定：「中華人民共和國為新民主主義即人民民主主義的國家」。我確信，在座各位都非常清楚這些資訊。憲法第一條還

1 迪金森Goldsworthy Lowes Dickinson (6 August 1862 - 3 August 1932)，英國政治學家、哲學家。引文出自AN ESSAY ON THE CIVILISATIONS OF INDIA, CHINA, AND JAPAN, November, 1913, LONDON AND TORONTO J. M. DENT & SONS LTD.

說：這個國家「實行人民民主專政」。

這個所謂「人民民主專政」的政治體制是什麼？

一九四九年六月三十日，我從前的學生毛澤東說：「就是剝奪反動派的發言權，只讓人民有發言權。」

人民是什麼？在中國，現階段，是工人階級，農民階級，城市小資產階級和民族資產階級。這些階級在工人階級和共產黨的領導之下，團結起來，組成自己的國家，選舉自己的政府，向著帝國主義的走狗即地主階級和官僚資產階級以及代表這些階級的國民黨反動派及其幫兇們實行專政，實行獨裁，壓迫這些人，只許他們規規矩矩，不准他們亂說亂動。如要亂說亂動，立即取締，予以制裁。對於人民內部，則實行民主制度，人民有言論集會結社等項的自由權。選舉權，只給人民，不給反動派。這兩方面，對人民內部的民主面向和對反動派的專政面，互相結合起來，就是人民民主專政。

為什麼理由要這樣做？大家很清楚。不這樣，革命就要失敗，人民就要遭殃，國家就要滅亡。

〔……講稿略摘引原文……〕

軍隊、警察、法庭等項國家機器，是階級壓迫階級的工具。對於敵對的階級，它是壓迫的工具，它是暴力，並不是「仁慈」的東西。

這些狂話摘自毛澤東的文章〈論人民民主專政〉。一九四九年七月一日，該文由官方宣傳機關播出，紀念中國共產黨建黨二十八週年。該文是九月制定「憲法」的理論和文本基礎，現在是所有「政治科學」課程的必讀讀物，從小學到大學，所有年級的教師和學生都必須參加。

《憲法》第五條規定人民有十一種自由。但第七條說：

對於一般的反動分子、封建地主、官僚資本家，在解除其武裝、消滅其特殊勢力後，仍須依法在必要時奪他們的政治權利，但同時給以生活出路，並強迫他們在勞動中改造自己，成為新人。

在這裡，我們發現政治反對派的強迫奴役制度已經堂堂成為憲法條款！

〔譯註：周質平註明這裡缺頁。其中大概包含正文和引文，講某位中國哲學家目擊但困惑於土改的真正意義。我查不到出處，所以只能直譯文字。〕

……向他喊著問：「農具在哪裡？」我們都幫忙搜集農具和容器，放在大夥面前。開列清單後，我們將東西裝載到地主的大馬車上，然後將它們運回分局。

當然，在目前的情況下，地主不可能有任何反抗。然而，攜槍執行沒收農具的任務，雖非必要，卻具象徵意義：無產階級共產黨並未經由武裝農民而致命一擊兩千多年的封建土地制度。

我們的哲學家承認，他有時會憐憫地主，動了惻隱之心。在盧溝橋附近的一處房屋收繳農具時，他看到地主的父親，約七十多歲，漫無目的地跑來跑去。馮教授說：「我想，這些東西一定花了老人家很多年才添置的。因此我為他感到難過。然後我自己警覺：我正漸行漸近地主的立場！為什麼我不該為那些現在獲得了農具的農民感到高興，反而為那些失去農具的地主感到遺憾呢？」

我們的哲學家是否譴責了被誤稱為「土地改革」的運動？或者說，他真心誠意認為自己參加沒收和重新分配土地和農具的經歷，實際上等於參與了革命？

我們現在試答一個問題。

在中國本土的思想文化模式中，有什麼東西可以對「人民民主專政」這樣的共產主義瞎扯，或所謂「土地改革」這樣的共產主義悲劇／鬧劇，提供一些解毒劑或者某種抵抗力呢？中國思想文化中有什麼是共產主義暫時征服和統治，但無法殺死或摧毀的東西，最終可使中國人民做好準備，推翻這種本質上「非中國」的非理性和暴力獨裁？

作為一個終生研究中國思想和文化的人，我傾向於認為，中國文化模式中至少具備一些重要特徵，可能對共產主義意識形態和實踐提供一些持久有效的抵抗。我建議以下三個特徵：

(1)近乎無政府主義，對所有政府干預的厭惡。

(2)熱愛自由和爭取自由的悠久傳統，特別是知識，宗教，和政治批評自由。

(3)傳統對於個人懷疑和質疑權利的崇尚——即使是最神聖的事物。

中國特有的模式之一是中國人民的「無政府」心態，這無疑來自幾個世紀以來，自由放任政治哲學的刻意實踐。二千多年前，老子教導了「無為」的政治理論，以「無為」或「不予處理」作為一種政府治理方法。老子主張向自然學習：「人法地，地法天，天法道，道法自然」，因為「道常無為而無不為」。因此，根據這個政治哲學，人民幾乎不知道優質政府有其功勞：「功成，事遂，百姓皆謂：『我自然』。」這種無為理論，正如現代的自由放任理論一樣，是對政府不當和無能的一種激進的政治抗議。這個哲學概念具有吸引力，孔子多次提及，並且予以肯定。

當中國首度統一時，第一批帝國締造者試圖用中央集權的專制控制來統治。秦朝失敗後，漢朝的一些英明統治者認識到，沒有龐大的常備軍，缺乏有效的交通和通訊，治理如此幅員遼闊的國家絕非易事。那些明智的統治者決定試用無為政治理論作為帝國治理的方法。

這些精明的政治家，尤其是漢朝第三位皇帝和他非常聰慧的妻子，有意識地實行自由放任政策，擱置一切軍事擴張和繁瑣的內部建設計劃。[2]經過近半個世紀的政府不作為和不干

---

[2] 「漢朝第三位皇帝」。胡適的意思是不計呂后所立的兩個少帝，從高祖、惠帝，直接算到文帝。錢穆《國史大綱》的西漢帝系表也是如此：少帝「恭」和「弘」排名在惠帝之後，但不列入正式的帝王順次裡，以致文帝是第三位皇帝，而且「漢自高帝至平帝凡十一君，二百一十一年」。「非常聰慧的妻子」指慎夫人，並非皇后竇氏。胡適讀書細心，注意到司馬光不止稱揚漢文帝一個人，是連帶慎夫人一起褒獎。《資治通鑑》有兩筆資料肯定慎夫人「聰慧」。其一：資治通鑑卷十三，漢紀五。文帝寵愛的慎夫人在宮中常與皇后「同席坐」，平起平坐。有次在個叫做郎署的地方，中郎將袁盎安排慎夫人坐次座，「慎夫人怒，不肯坐」，文帝「亦怒」，離席回宮內。袁盎因此進言，說皇后和

涉，人民懂得欣賞統一帝國的全部好處。國內長期和平，經濟繁榮。這段有意識的自由放任時期（公元前一八〇—一三〇年）奠定了漢帝國的堅實基礎，並為後來的所有王朝建立了統一帝國的格局。[3]中央政府只控制了一些重要的行政工具，而讓鄉村和國家自治。全國很少政府管控。人們為自己從未進入法院或政府機構而感到自豪。

二千多年的無為政策可以用這句最流行的諺語來適切描述：

天高皇帝遠。

這種無政府心態，即無政府主義傳統，與現代極權主義的政治理念和實踐恰恰相反。共產黨特工深入每個村莊，侵犯每個家庭的隱私。他控制著社區的糧食供應，因此能夠

妻妾有別，「尊卑有序，則上下和」；如果同席坐，反而會害了慎夫人。袁盎提到漢惠帝元年呂后殘害戚夫人的「人彘」事件，以為警惕。文帝覺得有道理，轉告慎夫人，慎夫人於是賞袁盎五十斤獎金。其二，資治通鑑卷十五，漢紀七。漢文帝過世，司馬光高度讚揚文帝和慎夫人以身作則，生活簡樸。慎夫人衣著省檢，「衣不曳地」，帳幕不加裝飾文繡，「帷帳無文繡」：「帝即位二十三年，宮室、苑囿、車騎、服御、無所增益；有不便，輒弛以利民。曾欲作露臺，召匠計之，直百金。上曰：『百金，中人十家之產也。吾奉先帝宮室，嘗恐羞之，何以臺為！』身衣弋綈；所幸慎夫人，衣不曳地；帷帳無文繡；以示敦朴，為天下先。治霸陵，皆瓦器，不得以金、銀、銅、錫為飾，因其山，不起墳。…（略）…專務以德化民。是以海內安寧、家給人足，後世鮮能及之。』」

3 這段期間（公元前一八〇—一三〇年）自漢文帝即位開始，至漢武帝首次出兵匈奴為止。其中包括了「文景之治」。

規範村莊裡每個男人和女人的生活和行為。

村民從前遠離政府，現在政府來到了每個村民身邊。但老子哲學諄諄教誨，經過二千多年無意識生活方式的落實，個人主義和無政府主義的心態根深蒂固，我無法相信能夠被幾個月或幾年的無所不在的極權統治所消滅。

中國思想的另個傳統是其悠久的自由傳統——思想、言論、批評譴責統治者和政府政策的自由。這是古典時代最寶貴的遺產，古典時代是獨立國家頻繁交戰的時代，思想家和批評家在一國受迫害，常常可以在另一國受到庇護和歡迎。頻繁而毀滅性的戰爭、重稅和暴政，迫使知識分子負起道德責任，勇於為人民利益發言。

孔子的一位偉大弟子說：「士不可以不弘毅，任重而道遠。仁以為己任，不亦重乎？死而後已，不亦遠乎？」[4]孟子經常講：「天將降大任於斯人也」中國每個學童都記得十七世紀愛國者的話：「天下興亡，匹夫有責。」[5]

這種社會責任感使得許多中國思想家，即使在大一統的帝國統治下、君主地位日趨「絕對」的幾個世紀裡，仍然保持著自由、坦率批評政府措施的偉大傳統。許多偉人遭受迫害、流放、肉體折磨，甚至殉道。但直言論政的抗爭持續進行。十六世紀的政治家呂坤對知識分子和

---

4 曾子名言，語出《論語・泰伯》。

5 顧炎武名言，語出《日知錄・正始》。

政治領袖爭取思想和批評自由的鬥爭歷史，做了這樣的觀察：「故天地間，惟理與勢為最尊，雖然，理又尊之尊也。廟堂之上言理，則天子不得以勢相奪，即相奪焉，而理則常伸於天下萬世。故勢者，帝王之權也；理者，聖人之權也。帝王無聖人之理，則其權有時而屈。」[6]

我無法相信：這種對自由的熱愛和爭取自由的傳統可以輕易地被任何野蠻的極權統治制度所抹殺。

最後，有個真正有價值的傳統：強調在所有思考中勇敢懷疑的重要性。孔子和孟子都因鼓勵門生自由提問而聞名。孟子幾乎是反傳統地提出了這樣的名言：「盡信書，則不如無書。」〔譯註：英文講稿此處，胡適用中文補記：「學而不思則罔，思而不學則殆。」〕

在整個中世紀，正是這種勇敢懷疑的利器引發了思想革命，推翻了強大的教條，甚至強大的宗教。中世紀最有力的懷疑者是公元一世紀的王充，公元五百年左右的范縝，和九世紀初的韓愈。

懷疑的能力產生了中國的禪宗主義。偉大的禪宗大師都是無畏質疑的倡導者。禪宗的教學方法：永遠不要傾囊相授，總是讓學生自己去領悟。

十一世紀和十二世紀中國哲學復興的領導人士也毫無保留讚揚了勇敢和創意懷疑的指標

[6] 呂坤名言，語出《呻吟語．談道》。我要特別感謝鄭樹森教授協助確認這個出處。

性效應。張載說：「讀書先要會疑，於不疑處有疑，方是進矣。」朱熹說：「讀書無疑者，須教有疑。有疑者卻要無疑，到這裡方是長進。」

無需我提醒大家，所有這些基本特徵（反政府的個人主義、無政府主義地厭惡政府干預、爭取自由、懷疑一切的權利和責任）都是現代西方世界民主傳統的基本要素。

因此，近四十年前，中國成為第一個中立國家、第一個推翻君主制、建立共和國的非歐國家，這些發展都非偶然。孫中山和蔣介石的國民黨在與共產國際和中國共產黨密切合作三年後，於一九二七年與共產黨人徹底決裂，迄今幾乎仍然爭戰不止，這也絕非偶然。

在一本以《失敗的上帝》為題出版的六位前共產黨人的自傳體散文集中，六人之一的伊格納齊奧・西隆對他的前共產黨同事陶裡亞蒂說：「最後的鬥爭將在共產黨人和共產黨人之間進行。」（第13頁）。亞瑟・科斯勒也是六人之一，他對編輯理查德・格羅斯曼說：「歸根結底，我們這些前共產黨員是你們這一邊唯一知道這一切的人。」格羅斯曼先生在評論這些言論時表示：「沒有一個與共產主義鬥爭的哲學家，以及與共產黨員作對的政敵，能夠真正理解西方民主的價值觀。」[7]

我現在向本次學術會議介紹關於共產主義和民主的一些睿智評論，以便結束我的簡短論

[7] *The God that Failed*，是 Louis Fischer、André Gide、Arthur Koestler、Ignazio Silone、Stephen Spender 和 Richard Wright 於一九四九年出版的六篇論文合集，New York City：Harper & Brothers。

文。這些評論出自中國前共產黨員，我的朋友陳獨秀。陳獨秀是中國共產黨的創始人和領袖，一九二八年被開除黨籍，是位特洛茨基分子。他於一九四二年去世，享年六十三歲。在去世前四年，當他仍被視為托洛茨基共產主義者時，他寫信給他的托派朋友：「我只注重我自己獨立的思想，不遷就任何人的意見。我在此所發表的言論，已向人廣泛的聲明過，只是我一個人的意見，不代表任何人。我已不隸屬任何黨派，不受任何人的命令指使，自作主張，自負責任。將來誰是朋友，現在完全不知道。我絕對不怕孤立。」

陳獨秀，中國的個體異議者，在卸下中國共產黨創始人和領袖的重擔之後，竟然說出了這樣的話！

在一九三九至一九四〇年間，也就是「史達林／希特勒條約」簽訂的那幾年，陳獨秀反對共產黨路線，並寫信給他的朋友們，表示他希望看到民主國家的勝利。他說：「若勝利屬於英法美，保持了資產階級民主，然後才有道路走向大眾的民主。」[8]

這句話貌似無傷大雅，但就他的托派朋友看來，仍是爆炸性的、反革命的……。

〔講稿文章到此結束〕

---

8 胡適〈「陳獨秀的最後見解」序言〉，收入《胡適選集——序言》，台北市：文星書店，一九六六年六月，頁八九—一〇〇。

一言而為天下法

——〈共產主義、民主與文化型態〉譯後記

一

胡適為國際學術會議而作英文講稿〈共產主義、民主與文化型態〉（Communism, Democracy, and Culture Pattern）。根據周質平的中文簡介，目前所見，講稿中間缺頁，英文打字的部分沒有完成，最後幾頁是手寫的。[1]遺稿雖略殘缺，但論述完整，內容主旨非常清楚。

這篇英文講稿是否曾經派上用場，今日視之，並不要緊。重要的是：胡適所見，主要是蘇聯和毛澤東的共產主義，他的論述是否適用於毛後，尤其一九七八年改革開放後的，中國共產主義？換句話說，胡適是否和他引述的中國哲學思想史上的前賢一樣，高瞻遠矚，值得後人省思？

為了回答這個問題，我中譯講稿全文（以下簡稱為「講稿」），然後以本文試作析論。講稿題目〈共產主義、民主與文化型態〉是周質平的中譯。

講稿兼具現代性和前瞻性，牽扯到幾個值得深思的議題。我建議胡適這份講稿做了以下的中國大歷史發展預測：

---

1 周質平編，《胡適未刊英文遺稿》，台北聯經出版事業公司，二〇〇一年十二月，頁六六一—六七二。

(1)某些中國傳統思維和價值觀念不會被共產主義摧毀。

(2)共產主義會被中華文化同化。

第一點來自講稿文字內容，應該無可爭議。我會略作徵引，說明講稿提到的幾位中國思想家，無一例外，早已在先前的表述（講座或文章）出現，被胡適視為中華文化底氣之體現。

第二點略需解釋。我將指出講稿落實了胡適在共產主義和中華文化關係議題上的思想脈絡。把以下這三個英文演講串連起來，可以看見思緒流程，重疊延伸，不是突發奇想，也非原地踏步：一九四三年〈中國思想史綱要〉，一九六〇年〈中國傳統與將來〉，以及這篇〈共產主義、民主與文化型態〉。[2]根據那個聯結，推測後出者（即〈共產主義、民主與文化型態〉），雖未直接使用「同化」或「華化」諸詞，但那些觀念實為胡適論述要義，呼之欲出的講稿精義。周質平推測講稿寫於一九五〇年代。我認為思維演變有個昭著的順序，從理解的角度而言，講稿應在〈中國傳統與將來〉之後。

講稿流露著的複雜情緒，也值得略作析梳：胡適為人謙沖，為何講稿大剌剌宣稱毛澤東

2 〈中國思想史綱要〉收入《胡適選集——歷史》，台北市：文星書店，一九六六年六月，頁一一三—一二一。〈中國傳統與將來〉是一九六〇年七月十日胡適在西雅圖中美學術會議的英文演講，徐高阮中譯，刊登在同年七月二十一至二十三日台北《中央日報》。

為「我從前的學生」？

二

講稿的基本立場明確：反對毛澤東的共產主義，但不反中。

胡適心裡有個貫穿歷朝歷代的廣義中國，中華文化累積智慧，完成同化外來思想和生活方式的大業。胡適深信中華文化裡有深植的民主要素。一九四〇年十一月十一日胡適日記斷言中國擁有作為民主國家的資格：

同周鯁生兄談中國在世界上要算有做民主國家資格的，其資格有三：

(1)孟子以下，承認造反，承認革命，為合理。

(2)自孔子的「有教無類」，到蒙館裡念的《神童詩》「將相本無種，男兒當自強」，平等的精神最發達，社會也最無階級。

(3)自古以來，政治制度承認「諫諍」，即是承認「Opposition〔反對〕」。[3]

3　胡適《胡適日記全集》第八冊，二〇一八年九月，台北聯經出版公司二版，頁七三—七四。

胡適並非隨隨便便援引中華傳統裡的哲學元素。講稿提示的三種思維方式或價值理念（無為而治，熱愛自由和爭取自由，個人懷疑和質疑的權利）都曾經產生可予驗證的影響。也就是說，胡適的邏輯核心是：鑑往知來。

容我們簡要回顧這三種哲學元素曾經產生何種影響。

其一，「無為而治」奠定了文景之治的重要基礎。文景之治到現在仍然備受史家推崇。其二，古典時代的自由傳統（思想、言論、批評統治者和政府政策的自由）促成思想家的社會責任感。胡適講稿提到明朝思想家呂坤。在此講稿之前，胡適至少兩度引用呂坤《呻吟語／談道》的同條論述。第一個例子是一九四一年十月胡適英文講稿〈中國歷史上為自由而戰〉（The Fight for Freedom in Chinese History）：

> 十六世紀的哲學家／政治家呂坤對中國爭取自由的歷史留下了這樣的非凡觀察：
>
> 故天地間，惟理與勢為最尊，雖然，理又尊之尊也。廟堂之上言理，則天子不得以勢相奪，即相奪焉，而理則常伸於天下萬世。故勢者，帝王之權也；理者，聖人之權也。帝王無聖人之理，則其權有時而屈。

周質平在英文講稿〈中國歷史上為自由而戰〉的文題頁註文裡提到該稿在紙本媒體刊出時，文題略異。

第二個在講稿之前引用呂坤《呻吟語／談道》的例子是周質平〈胡適英文筆下的中國文化〉提到的胡適英文文章，〈在歷史上中國如何爭取自由〉（The Struggle for Intellectual Freedom in Historic China），發表於一九四二年。[4]

呂坤著作《呻吟語》牽涉範圍很廣。胡適挑揀呂坤據理而與權勢力爭的名言。從孔門諸賢的古典時代到呂坤的明朝，責任感和唯理主義雙重伸展。唯理主義可以追溯到古典時代，因為胡適在〈中國思想史綱要〉裡曾指出中國古典思想早已成為「合理」和「唯理智主義」。

> 中國古典思想之所以成為合理，成為唯理智主義的原因，是由於它對於知識、學問、和思想的重視。孔子說：「學而不思則罔，思而不學則殆。」[5]

---

4 見註1，頁xxiv—xxv，頁二五二，二六六。

5 見註2，頁一一四。這個孔子的學思教誨也以中文手寫的方式出現在英文講稿〈共產主義、民主與文化型態〉裡。

延續責任感和唯理主義當然是哲學思想產生影響的結果。然而崇尚自由和唯理主義互為因果。這篇英文講稿從前者講到後者，〈中國思想史綱要〉則從後者講到前者：

人文主義者的興趣，與合理及唯理主義者的方法論結合起來，這一結合，就給予古代中國思想以自由的精神。而且對於真理的追求，又使中國人思想本身得以自由。孔子說：「君子不憂不懼」，又說：「內省不疚，夫何憂何懼！」講到他自己時，他又說：「飯疏食，飲水，曲肱而枕之，樂亦在其中矣。不義而富且貴，於我如浮雲。」[6]

其三，個人懷疑和質疑的權利。這是知識分子懷疑和質疑宗教迷信的主要驅動力。講稿中提到的三位思想家（公元一世紀的王充，公元五百年左右的范縝，和九世紀初的韓愈）都是各自時代破除宗教迷信的重要推手。

關於王充，胡適〈王充的哲學〉指出：

我們看漢代的歷史，從漢武帝提倡種種道士迷信以後，直到哀帝、平帝、王莽的時

[6] 見註2，頁一一五。

候，檢直是一個災異符瑞的迷信時代。〔……略……〕王充的哲學是中古思想的一大轉機。他不但在破壞的方面打倒迷信的儒教，掃除西漢的烏煙瘴氣，替東漢以後的思想打開一條大路；並且在建設的方面，提倡自然主義，恢復西漢初期的道家哲學，替後來魏、晉的自然派哲學打下一個偉大的新基礎。[7]

關於范縝，胡適〈不朽——我的宗教〉指出：

一千五六百年前有一個人叫做范縝說了幾句話道：「神之於形，猶利之於刀；未聞刀沒而利存，豈容形亡而神在？」這幾句話在當時受了無數人的攻擊。到了宋朝有個司馬光把這幾句話記在他的《資治通鑑》裡。一千五六百年之後，有一個十一歲的小孩子，——就是我，——看《通鑑》到這幾句話，心裡受了一大感動，後來便影響了他半生的思想行事。然而那說話的范縝早已死了一千五百年了！[8]

關於韓愈，胡適〈中國思想史綱要〉指出：

7 《胡適選集——述學》，台北市：文星書店，一九六六年六月，頁一五二，一六九。
8 《胡適文選》，台北市：六藝出版社，一九五三年三月，頁八十一。

在歷史上那幾次政府迫害佛教舉動的背後，永遠的有中國文明對於要使中國「蠻化」的這潮流的一種反抗態度存在著。

舉例來說，公元八四八年對佛教大迫害時，上諭裡的主要意思是說：「中國政府不能把中國人民棄之於對一個外國捨生宗教的崇奉了。」這就是中國人道主義對於使中國思想文明印度化的一個革命。

中國反抗佛教的最大代表，及大聲疾呼得最厲害的領袖，是韓愈。[9]

注意講稿這句：「即使是最神聖的事物」也可懷疑和質疑。神聖的事物，例如宗教神明，通常不能被挑戰。然而，中國思想家成功地削弱了道儒佛宗教迷信的主導地位。在胡適有生之年，毛澤東的共產主義變成另個「最神聖」的事物。他認為中國思想家能夠重複削弱神聖事物主導地位的經驗。中華民族的宗教經驗和當代的政治經驗因而串聯起來。

講稿開宗明義就在思考宗教經驗和政治經驗的共同點：個人逆向思維。文首提及英國政治學家、哲學家迪金森的著作《論印度、中國和日本文明》。胡適認識此人。一九二六年十二月二十二日胡適日記，日記裡記錄兩人見面：「久想見他，到今天才會見他。他今年六

[9] 見註2，頁一一八。

十五歲了，精神還好，思想仍新。此是最可愛的。他早年作*Religion*〔《宗教》〕一書，攻擊舊宗教。」胡適特別說明迪金森是《宗教》一書的作者。該書全名是：《宗教——批評與預測》（*Religion : A Criticism and a Forecast*），一九〇五年由紐約市麥克盧爾·菲利普斯公司（McClure. Phillips & Co.）出版。那是本宗教哲學，討論宗教本質的問題，並非特定人間宗教的宣傳讀物。胡適重視該書，所以「久想見他」。我曾引用這則日記。兩人會見談話時，胡適坦陳自己的宗教信仰。[10]

胡適準備講稿，不可能忘記迪金森和自己面對面的宗教對話。

三

在胡適思想脈絡裡解讀講稿，必須面對這個問題：胡適的中國思想史如何看待毛後的中國共產主義？中國共產主義變化的程度和速度容或仍可討論，但整體而言，已經逐漸擺脫毛澤東的籠罩。胡適的中國思想史觀已經或即將過時嗎？

觀察點可以始於胡適對蘇聯共產主義發展的適時好奇。胡適一直密切注意蘇聯共產政權暴力的合理性。以下兩則日記記錄他和西方政治學者討論此事，並且似乎同意在某些地區，

10 胡適《胡適日記全集》第四冊，見註3，頁六〇一—六〇二。謝謝中研院趙麗婷小姐協助查證資料。高全之《私札與私語——三顧張愛玲》，台北市：時報文化出版企業股份有限公司，二〇二二年八月，頁一八八。

暴力革命可以有其必要性。也就是說，在歷史事件發生之後，追認其正當性。

一九二六年七月三十一日胡適日記，胡適參加莫斯科「國際文化關係會」，與《美國政治理論史》（*A History of American Political Theories*. New York: MacMillan, 1903）作者，芝加哥大學教授梅里亞姆（Charles Edward Merriam, 1874-1953）談話：

> 我問，他以政治學說史家的眼光看蘇俄，感想如何？以一黨專政，而不容反對黨的存在，於自由的關係如何？所謂Dictatorship〔獨裁〕的時期究竟何時可終了？既不許反對黨的存在，則此訓政時期豈不是無期的延長嗎？
>
> Merriam〔梅里亞姆〕說，此間作此絕大的、空前的政治試驗，自不容沒有保障，故摧殘一切所謂「反革命的行為」是可以原諒的。向來做Dictator〔獨裁者〕的，總想愚民以自固其權力。此間一切設施，尤其是教育的設施，都注意在實地造成一輩新國民，——所謂「Socialistic Generation」〔社會主義世代〕；此一輩新國民造成之日，即是Dictatorship〔獨裁〕可以終止之時。此論甚公允。[11]

---

11 胡適《胡適日記全集》第四冊，見註3，頁三三三。

一九二六年十月十七日胡適日記，胡適在英國拜訪英國哲學家羅素（Bertrand Russell, 1872-1970）：

> 去看Mr. Bertrand Russell〔伯特蘭・羅素〕，談了兩點鐘。他的精神甚好，談鋒如舊。奇怪得很，他說蘇聯的Dictatorship〔獨裁〕辦法是最適用於俄國和中國的。他說這樣的農業國家之中，若採用民治，必鬧得稀糟，遠不如Dictatorship〔獨裁〕的法子。我說，那我們愛自由的人卻有點受不了。他說，那只好要我們自己犧牲一點了。
>
> 此言也有道理，未可全認為不忠恕。[12]

然而當共產政權暴力在自己的祖國出現之後，切身之痛令胡適不再寬鬆容忍。當他準備這場演講時，他支持的政黨已經戰敗而退守台灣，他不見容於共產中國，不再是「一言興邦，一言喪邦」的意見領袖。但胡適仍有中國哲學史學者的身份，以及他的整體宏觀史觀的理論。於是他在自己最熟悉的中國思想歷史領域去尋求解答。

12 胡適《胡適日記全集》第四冊，見註3，頁五一三。

講稿首先強調就中國而言，毛澤東的共產主義是個進口貨。胡適未必最早提出這個主張。但講稿率先具體說明共產主義與中國傳統之間有以下兩種差異：非理性的獨裁，以及暴力的獨裁。英文一口氣講共產政府獨裁的兩種屬性：非中國的非理性和暴力獨裁（un-Chinese dictatorship of unreason and violence）。

「非中國」至少可作兩種解釋：違反中國核心價值，或中國前所未有。如果選擇第一種解釋，則必須定義中國核心價值是什麼。簡單的答案即（但不限於）中國文化裡「共產主義無法殺死或摧毀」而且可以反過來推翻（overthrow）獨裁政權的文化要素。本文稍後將進一步討論「推翻」的概念。如果選擇第二種解釋，則可以「人民民主專政」和「土地改革」為例，說那些措施是中國歷史上的創舉。

這個起手式把共產主義，如同佛教那樣，放進中國思想史的大框架裡評估。在形而下的歷史事件資料裡梳理形而上的性質和規律。現在我們細讀這個關鍵句子：

> 中國思想文化中有什麼是共產主義暫時征服和統治，但無法殺死或摧毀的東西，最終可使中國人民做好準備，推翻這種本質上「非中國」的非理性和暴力獨裁？

有四點值得注意。其一，「無法殺死或摧毀的東西」包括〈中國傳統與將來〉所言，任何人為因素無能毀滅中華文化傳統的「人本主義與理智主義」：

看了這許多整肅文獻（指整肅胡風、梁漱溟，胡適，不只四百萬字的文章），我才敢相信我所推崇的那個「人本主義與理智主義的中國」在中國大陸上還存在著，才敢相信那個曾盡大力量反抗中古中國那些大宗教，而且把那些宗教終於推倒的大膽懷疑、獨立思想、獨立表示異議的精神，即使在最不可忍的極權控制壓迫之下，也會永久存在，繼續傳布。總而言之，我深信，那個「人本主義與理智主義的中國」的傳統沒有毀滅，而且無論如何沒有人能毀滅。

其二，如前文所述，講稿強調「非中國」，所以是本土反過來克服暫時獲勝的外侵。其三，主其事的「中國人民」包括（但不限於）胡適肯定的思想家、政府官員、知識份子在內。講稿甚至稱讚了漢文帝和他的妻子慎夫人的政治智慧。其四，從思想史的角度而言，「獨裁」指政治運作的方式或本質，包括但未必一定是具體的政權或政黨。

掌握以上四點要義，即可瞭解「推翻」可解讀為制服和取代，就是以中華文化裡的人文主義，崇尚自由，堅持個人懷疑和質疑的權利，尊重異議，重視知識、學問、和思想等等文化要素去改變政治運作的方式或本質。這個變動可以，但不一定涉及，改朝換代。

講稿所謂「強大的宗教」，意指佛教，即〈中國傳統與將來〉所謂「中古中國那些大宗教」。講稿相提並論兩個舶來品，佛教和共產主義，實際上是延續〈中國思想史綱要〉的思維。〈中國思想史綱要〉把中國思想分為三個主要時期，上古、中古、和近世，各佔大約一千年。佛教入境，使上中變成中古。「唯理哲學」復興與形成，使中古變成近世。〈中國思想史綱要〉認為我們正處於近世時期之中。

由於胡適以佛教融入中國傳統為歷史先例，我們可以更進一步合理解釋講稿用詞「推翻」為「同化」，意思是「華化」。重點在於翻轉的發生方式：如前文所述，可以（但不一定）在政治體系內和平漸進。由於磨合過程漫長，可能向前三步、倒退一步，可能混合零亂與安謐的腳印。如果中國改革開放印證了胡適的預言，中華文化已經開始改變共產主義，那麼我們可以斷言他的中國思想史觀與時俱進：共產主義勢必持續華化。佛教華化耗竭千年。胡適沒說，因為他也不知道，共產主義何時完成華化。講稿允許這樣的解釋：十年百年還是千年，共產主義終究會步佛教的後塵，被中華文化完全同化。

後代的中國思想史學者，如果覺得胡適的提法值得參考，必須決定是否可用共產主義席捲中國大陸的事件來結束胡適界定的近世時期，在中國思想史上辨認出第四個時期，名之為後近世或新近世或其他稱謂。後代的中國思想史學者必須決定共產主義華化何時完成。

台灣的存在會是後代中國思想史學者無法避免的有趣議題。台灣的政治生態肯定會繼續在中國思想史上反制或衝擊共產主義，但那些影響的程度今天還看不完整，我們離那個縱目萬里，宏觀歷史的時間點仍然很遠。

四

接下來的問題似乎應該是：共產主義華化之後，是否會留下積極正面的影響？

從胡適提供的中華民族宗教經驗來推測，共產主義華化將來一旦完成，後人很可能不會全面否定共產主義。理由是無神論者胡適畢竟肯定了某些佛教價值。舉三個例子。

其一，佛教豐富了中文的詞彙。一九一五年九月二十八日胡適日記認為有些漢字出於梵文：

佛（Buddha），舊譯浮圖，或佛陀。

僧（Samgha），舊譯僧伽，或桑渴耶，

禪（Dhyana），舊譯第耶那，或持訶那，或禪那。

劫（Kalpa），舊譯劫波。

塔（Dagoba, stupa, or thupa）舊譯堵婆，或蘇鍮婆，或兜婆，或塔婆。

袈裟（Kachaya），夜叉（Yackcha），剎那（Kchana）「鉢」字亦疑出梵文Patra。舊譯波多羅，又譯鉢多羅，省曰鉢也。[13]

其二，佛教豐富了中國文學。我曾引用胡適稱許佛教滋養《西遊記》和《封神演義》的談話。[14]

其三，佛教文獻是文化遺產。我曾指出：「胡適雖然是無神論者，但始終視宗教為人文學術研究的重要領域。」[15]

胡適這篇英文講稿提醒我們中華民族具有旺盛的生命力以及自癒能力。如果講稿的思維邏輯值得作為借鏡，我們對任何政府，政治領袖，都可能是「部份接受」和「部份反對」搭伴同行。我們個人要保持懷疑和質疑的權利。未來的歷史學家自會為後代認定共產主義華化的完成。

13 胡適《胡適日記全集》第二冊，見註3，頁二三三。
14 高全之《私札和私語》，台北：時報文化出版企業股份有限公司，二〇二二年八月，頁一六九。
15 見註14，頁一九一。

五

講稿只是一位旅居中國大陸境外的學者觀點。當時胡適人身安全獲得保障，但仍然在「域外」。這種情況有助於我們理解講稿稱毛澤東為「我從前的學生」。

這篇講稿並非稱毛澤東是昔時學生的僅例。至少其他三筆資料說了同樣的話。前兩筆資料是：一九五〇年十一月的英文文章〈自由世界需要一個自由的中國〉，以及一九五一年四月十二日在紐約國家社會科學研究所年會的英文演說，〈共產主義在中國〉。兩文都稱毛澤東是「我從前的學生」。這個指稱曾引起美國友人注意，在前引那場年會演說之前，主持人在簡介演講嘉賓時候，特別指出：「他（按：指胡適）的學生之一是毛澤東」。[16]第三筆資料見於稍後將引用的中文文章〈「司徒雷登回憶錄」導言〉，該文稱：「我從前的學生毛澤東」。

胡適是否曾為毛澤東的老師呢？答案可分兩方面說。

其一，毛澤東曾經自承是五四運動領袖們的學生。一九四五年四月二十一日毛澤東〈「七大」工作方針〉提到陳獨秀，有句「我們是他們那一代人的學生」，原因是白話文寫

16 周質平編《胡適未刊英文遺稿》，見註1，頁三三一，三五八，三五五。

作以及馬克思主義等等的學習。馬克思主義指陳獨秀。白話文運動的始作俑者卻是（留美學生）胡適。陳獨秀是中國國內最早響應胡適的人士之一。所以毛澤東所謂「他們那一代人」不限於，但肯定包括胡適在內。余英時認為一九五一年五月十七日胡適日記這個記錄已經完全證實：一九二〇年，毛澤東登門請胡適過目自擬的〈湖南第一自修大學章程〉；過了幾天，毛澤東親自來胡適家取去章程改稿。[17]當時他倆的年紀令人驚嘆。毛澤東二十七歲，胡適二十九歲。都是心懷大志的愛國者。社會地位迥然不同。默默無名的毛澤東相當尊敬聲名遠播的大學教授胡適。

其二，一九五一年一月十九日《美國新聞與世界報導》的胡適訪談說毛澤東在北京大學做過旁聽生。胡適本人沒說毛澤東是否旁聽自己授課。周質平因而斷言毛澤東沒有上過胡適的課。[18]但根據毛澤東舊日秘書李銳的回憶，胡適在北大教書的時候，毛澤東正在北大圖書館工作，毛曾去旁聽胡的課。[19]那個回憶應該可靠。

那麼胡適是否可以視旁聽生為自己的學生呢？答案是肯定的。我曾引用余英時的意見，

17　余英時《重尋胡適歷程》，台北市：聯統出版公司，二〇一六月六月，頁十八—十九。
18　周質平〈相反相成：胡適評毛澤東的詩文〉，台北《傳記文學》月刊，二〇二四年十一月，頁四十五—四十六。
19　「旁聽北大課程的年輕毛澤東，曾被胡適趕出教室」毛澤東秘書一〇一歲生日談毛往事，風傳媒（storm.mg）。

認為由於楊聯陞旁聽胡適教課，就可確立胡楊兩人之間的師生關係。[20]至少對某些人（如余英時）來說，這是可以接受的看法。

胡適以毛師自居，表面上是種市場銷售手段：抬高自我身份，以便引得對方（聽眾或讀者）尊重。但那些講稿內容足以顯示這個姿態有其實質意義：他要說這個老學生仍然有待教導。這點重要：胡適生前就已看到許多自己英文表述（講座或文章）的中譯。有些中譯很快就出現，引起注意。胡適英文表述的靶標受眾，一時片刻當然是，但不拘泥於，英語讀者。

如果我們可以將「說」理解為「談論」，而不是「說服」，那麼在表面上，胡適以毛師自居，「說大人則藐之」，有孟子之風。那時毛澤東毫無疑問已完成建國大業，是名正言順，高高在上的「大人」。所以胡適那種談風也足以說明力有不逮的心情。大約在胡適準備本次講稿的前後，一九五一年底開始的批胡運動，鋪天蓋地，既證實了他於中國大陸的影響，也暫時嚇阻了中國大陸任何公開支持他的聲音。一九五二年一月九日胡適日記記載批胡運動如何漫延：「北平是十一月十四日開始的；上海是十二月二日開始的；廣州（華南）是十二月二十三日開始的。」[21]

---

[20] 高全之〈突破束縛——胡適和楊聯陞信扎裡的西遊記〉，收入《西遊二論》，台北：致出版，二〇二三年十二月，頁三五一—四〇。

[21] 胡適《胡適日記全集》第八冊，見註3，頁六九六。

批胡運動確認了胡適的價值。一九五二年一月二十一日胡適日記有則出自香港時報的剪報文章〈中共所害怕的人物——武訓與胡適〉，其中有句：「我們無須為胡氏之被共黨清算而驚嘆，這正是胡氏的歷史價值所在。」[22]毛澤東深知白話文運動始自海外影響（留美學生胡適），批胡運動確保那段歷史不會重演，至少暫時將胡適聲望壓至谷底。

胡適曾致函毛澤東，但他的建言未被採納。一九五三年一月二十三日胡適日記，附著《時代雜誌》英文文章，以下是我的中譯：

在擔任蔣介石駐美大使四年（一九三八—一九四二）後，胡適因與戰時重慶政權的爭執而離職。一九四七年，他說：「現在自由派是一個令人討厭的標籤，所以你最好叫我獨立派。」他寫過一封信給「親愛的毛先生」，敦促紅軍領袖在共產黨加入政府時解散紅軍。五年後的今天，主流共產黨人對他進行惡毒誹謗，而香港和新加坡的中立主義者則因胡忽略他們而生悶氣，為了「第三勢力」不成氣候而惋嘆。[23]

22 胡適《胡適日記全集》第八冊，見註3，頁七一〇。
23 胡適《胡適日記全集》第九冊，見註3，頁十三。

談話對象是美國人，所以「現在自由派是一個令人討厭的標籤」指當時的美國政治輿論界情況，和中國無大關係。致函毛澤東的事亦記於〈「司徒雷登回憶錄」導言〉：

> 我在對日勝利後不久，竟天真到打了一封長的電報到重慶，以便轉交給我從前的學生毛澤東。……（略）……那時候重慶的朋友打電報告訴我，說我的電報已經交給毛先生本人。當然，我一直到今天還沒有得到回答。[24]

胡適當然知道：無論是否贊同共產政權，任何人都無從忽略毛澤東的歷史地位。胡適要訴諸宏觀歷史來預測：毛澤東的共產主義終究會入境隨俗，變成中華文化的一部份。簡而言之，〈中國思想史綱要〉辨識中華文化傳統要素及其同化佛教的功積，〈中國傳統與將來〉宣稱中華文化傳統要素永續長存，〈共產主義、民主與文化型態〉預測中華文化傳統要素必將華化共產主義。這種歷史遠景的思維方式由來甚久，可以追溯至胡適留學時期。一九一四年九月二日至十一日，胡適日記總題為「波士頓遊記」，約二十三歲的胡適稱讚兩位留美學界友人：「皆恂恂有儒者氣象，又皆摯愛祖國，二君皆有遠識，非如留學界淺人，但顧目

24　《胡適選集——序言》，台北市：文星書店，一九六六年六月，頁一一八。

前，不慮久遠也。」[25]胡適一直沒有忘記那個「淺人」的定義：但顧目前，不慮久遠。他晚年執意在長遠歷史發展裡預測中國未來命運，就是要跳脫那個「淺人」的拘限。

在歷史的長遠發展上，胡適希望他自己是對的：中國遍地在各個工作崗位上，會有很多很多不信毛神話的王充，范縝，韓愈，和呂坤。

這個問題比胡適是否具有毛師資格更為有趣：胡適是否合乎「匹夫而為百世師，一言而為天下法」的標準。當然那必須留待後人檢驗。近百年來夠資格上此待證名單的人其實不多。

25 《胡適選集——日記》，台北市：文星書店，一九六六年六月，頁一一三。

胡適・白崇禧・蔣介石

——《悲歡離合四十年——白崇禧與蔣介石》的一種讀法

一

繼《父親與民國——白崇禧將軍身影集》（二〇一二年，兩冊）與《止痛療傷——白崇禧將軍與二二八》（二〇一四年）之後，《悲歡離合四十年——白崇禧與蔣介石》（二〇二〇年，三冊）終於完成白先勇為父親作傳的心願。白先勇動員了歷史學者廖彥博協助撰寫《止痛療傷》和《悲歡離合》。三套書都由台北時報文化出版公司承辦。直到《悲歡離合》，白先勇為父親辯誣的目的才算大致到位。

我建議用另一筆關鍵資料——胡適日記——來印證這套書的成就，並從不同角度協助營建雖非完美但較為完整的歷史論述。這個閱讀方法有其顯著的理由。胡適（一八九一年十二月十七日—一九六二年二月二十四日）和白崇禧（一八九三年三月十八日—一九六六年十二月二日）屬於同一時代。胡適只比白崇禧大兩歲。兩人出身以及成長經歷迥異，採取不同的方式去謀求中華民族的福祉。他們共事於蔣介石之下，是蔣介石愛（他們的才華）恨（他們時有異見）交加的對象。胡適有段台灣的嬰兒歲月，白崇禧因為二二八而涉足台灣。兩人都與台灣淵源深厚，最後都選擇終老於台灣，與中華民國共存亡。

本文的討論分四個部分：胡適日記裡的白崇禧，抗日戰爭，國共內戰，以及主帥為成敗負責的概念。

二

《悲歡離合》上冊「北伐・抗戰」第三章〈寧桂競合〉提到一九三五年胡適應白崇禧邀請去廣西參觀地方建設，在廣西一共停留了十四天，並數度應邀演說。講座之一是該年一月十三日在廣西南寧的演講，講題是「治學的三根毫毛」。開場白向在場人士致意：「主席，白副總司令，各位同志」。這裡「白副總司令」應該是白崇禧。白崇禧在一九三四年是「第四集團軍副總司令」，在一九三七年是「第五路軍副總司令」。廖彥博引用胡適〈南遊雜憶〉，白先勇《父親與民國》摘錄胡適同一篇文章，兩者有些重疊，但未盡全同。讀者大可併讀。《父親與民國》的摘文提到廣西予胡適的四個良好印象：不迷信戀古，儉樸，治安，以及武化（全省皆兵）。

為什麼胡適的讚譽重要？余英時〈從《日記》看胡適的一生〉試圖描述胡適的社會地位：「在20世紀的中國，他是始終能在知識青年的心目中保持著『偶像』地位的唯一人物。更值得注意的是，這個『胡適崇拜』（"The Hu Shih Cult"）的現象並不是由政治權威造成的，相反的，它在很大的程度上象徵了向政治權威挑戰的心理。」其實胡適的號召力不僅限於中國知識青年。末代皇帝溥儀，毛澤東，蔣介石，白崇禧，許多中外學者，都曾前來請益。他們未必完全同意——但他們願意豎耳聆聽——胡適的意見。白崇禧是個特別有趣的案例，因為「向政治權威挑戰」是胡白與蔣介石關係的共同特徵。此所以《悲歡離合》講桂系「善於宣傳」，請「輿論領袖」胡適訪查廣西，以助其宣傳，是準確但有欠完整的解釋。證諸《父親與民國》胡白三張合照，我們可以確定白崇禧一生真誠敬重胡適，所以廣西之約不止於功利主義的利用而已。把這些珍貴的照片對應於胡適的台灣行止，即能看出它們涵蓋了胡適在台落腳的整個時間跨度。

胡適母親曾帶著獨子胡適追隨在台灣出仕的丈夫胡鐵花。一九五二年十一月十九日台灣朝野熱情歡迎胡適。其實那是胡適二度訪台，成年後的第一次。圖一記錄白崇禧與其他人到台北松山機場歡迎的情況。胡白兩人，一文一武，笑得非常開心。胡適當天日記如下：

> 早八點到台北松山機場，有許多人在機場歡迎。我很感動。
>
> 事後有人說，今天的歡迎是台北空前的，人數大概有五六百人。

次年一月十七日離台返美，約百人送行，在台六十天。一九五四年二月十八日胡適成年後第二次訪台，四月五日離開，在台約四十六天。圖二的胡白合照攝於該年三月。當時胡適尚未出任中央研究院院長。

圖一　民國四十一年十一月十九日，台北松山機場，胡適（捧花者）第一次自美返台，受到盛大歡迎，白崇禧（左一）、何應欽（右一）等到松山機場接機。遠在民國二〇年代，建設廣西那段期間，白崇禧與胡適已經結識。

圖二　民國四十三年三月，國民黨開第一屆國民大會第二次會議，左起：朱家驊、胡適、白崇禧。胡適返台參加國民大會，選第二任總統。

一九五八年四月胡適返台正式接任中央研究院院長。稍後胡適在美國與台灣之間的行止，我以聯經版《胡適日記全集》為準。因為《胡適日記全集》沒提胡適最後一次（第三次）短暫離台，我根據二〇一五年六月台北聯經出版社胡頌平編著《胡適之先生年譜長編初稿》增補版第八冊加入那次離台的數據。以下是簡要總結：返美處理急事與中研院院務（一九五八年六月十六日離開，同年十一月五日返台），赴夏威夷參加學術會議並接受夏威夷大學人文學博士學位（一九五九年七月三日離開，同年十月十四日返台），以及去西雅圖華盛頓大學參加中美學術合作會議（一九六〇年七月九日離台，同年十月二十二日返台）。

圖三的胡白合照攝於一九六一年。那時胡適院長已正式在台定居。胡適病逝於次年二月。胡適一生身體健康狀況不佳。一九三八年上任駐美大使不

圖三　民國五十年，胡適（中）時任中央研究院院長。胡適於民國四十六年出任中央研究院院長，翌年返台定居，此後與白崇禧（右）時有往來。

久，就發病住院七十七天。一九六二年十一月又住台大醫院四十五天。兩次都是心臟病問題。年輕時候常為「獨立評論」通宵達旦寫作。一九三四年四月九日日記說，妻子（江冬秀）怪他不照顧自己身體，胡適回答：「我們到這個時候，每星期犧牲一天作國家的事，算得什麼？不過盡一分心力，使良心上好過一點而已。」在美國為了頻繁的援華抗日演說而常常整夜準備講稿。胡適為他熱愛的國家鞠躬盡瘁，在這張合照裡已現蒼老之態。

胡適日記足以證明在參觀廣西之前，胡適已經結識白崇禧。一九二八年四月二十四日日記已經留意蔣桂關係的複雜性。四月二十七日說桂系人士私下建議胡適「到漢口去和李宗仁、白崇禧談談」。五月三日收到李、白自漢口發來的邀電，當日回電表示：「暑假中或能西上承教」。十一月四日日記證明胡適在會見白崇禧之前，就已探聽白家資訊。

> 在陳光甫家吃飯，有丁在君、白摶九（志鵾）、王文伯諸人。我曾聽蔣百里說，白崇禧在學校時本名崇禧，後來才冠「白」姓，故百里說他是滿洲人。白摶九是他的同族，我試問他此言是否有據。他說：「不是滿洲人。我們是蒙古人，原名伯篤魯丁。簡寫為『白』，也可說是冠姓。」
>
> 他們是回教徒，但對於飲食，已不很嚴格。他們家中女子大概嫁與同教，而娶妻

則不限於同教。

我曾寄這則胡適日記給白先勇看。他說：「我們不是蒙古人，我們的族譜上至元朝，我們的祖先姓伯篤魯丁，在元朝江寧府做官，大概是色目人。」這個回應記在這裡供傳記學家參考。

一九二九年年初胡適在北京住了三十六天，二月二十五日離城，當天日記說在北京認識了白崇禧。那是胡白結交的大概日期。《悲歡離合》上冊，第二章「蔣桂戰爭」從一九二九年三月七日北平寫起。那正是胡白結交之後不久。

胡適曾經擔心蔣介石的政治能力。一九二六年十月，那時胡適仍未見過蔣介石，十四日日記：「介石之能在軍事上建功，是無疑的，但他有眼光識力做政治的大事業嗎？此事我很關心。我深盼他能有政治上的手腕與見解。」基於同樣的疑惑，胡適曾從國家大局以及君臣政治角度強烈質疑蔣桂戰爭的必要性。一九三〇年八月二十三日日記：

他（指英使館財政部的鄭萊）大罵反蔣的勢力，以為南京皆是不得已而戰。我是不贊成戰事的，也不贊成閻、馮，但我主張此次戰事是蔣介石造成的。若去年南京不打桂系，那有這回戰事？十七年「統一」以後，已無人敢為戎首，而蔣介石逼成十八年春的戰事，遂重開內戰之局，遂並那表面的統一都破壞了。要知政府之為物，本是一種紙老虎，經不起戳穿，全靠政治家之能運用耳。紙老虎不戳穿，故雍正帝一紙詔書可使年羹堯來京受戮。紙老虎一戳穿了，故蔡鍔、陳宦一舉兵而袁世凱震恐而死。十七年至十八年的統一局面是個紙老虎，留得住才可以弄假成真。留不住則兵戈四起了。

這個看法與白先勇不謀而和。白先勇《父親與民國》稱蔣桂戰爭為「最不該發生的戰爭」，其不良後果如下：「事實上民國十八年的蔣桂戰爭是完全可以避免的。蔣桂戰爭引發中原大戰，國民黨失去北伐後統一的機會，中國形成四分五裂局面，遂讓清黨後已經虛弱不堪的共產黨死灰復燃，並且使日本有可乘之機，民國二十年侵佔東北，揭開中日大戰序幕。」（頁七二—七三）如果只有白先勇持這種看法，也許有人會說那是桂系立場。但胡適的論述與白先勇相近，我相信胡適顧念大局，不偏袒任何一方。那麼，德不孤，必有鄰，那個蔣桂戰爭妨礙大局的評估也許值得參考。當然，胡適日記描述的是場激辯，可見各種觀點都有。歷史臧否，真不容易。

胡適參觀廣西之後，仍關心該地事務。一九三五年四月二十二日，聽說廣西不續聘獸醫事業主任羅鐸（Rodier），立即去電白崇禧，二十八日得白回電，說續約兩年。國民政府遷台，胡適仍注意白崇禧的昔日行事。一九五二年四月十二日，胡適日記有份台北（無報名和日期）的剪報，題為「白崇禧將軍昨追述清黨往事——上海首先完成，各省聞風響應」。

三

《悲歡離合》的國軍戰史意義，足以填補民國記憶的一些空白。胡適在美國聽到台兒莊大捷，非常高興。日記裡有兩條記錄。一九三八年四月五日：「今天戰訊不佳，台兒莊已失守。敵軍侵入江蘇境。此次徐州戰事已近三個月，成績雖不劣，然犧牲精銳太多，念念寒心。」七日：「戰訊甚有好轉，台兒莊大勝。」在許多華人的腦海裡，台兒莊只是個模糊的遙遠的傳說。《悲歡離合》上冊「北伐・抗戰」卻有專章「鏖戰台兒莊」那種細緻。讀來相當愉悅。

《悲歡離合》的序文之一，白先勇〈君臣一體，自古所難〉，認為白崇禧提出「積小勝為大勝，以空間換時間」的戰略：「為蔣委員長贊同，被軍事委員會採用，成為抗戰的最高指導方略。」

國民政府以空間換取時間的戰略之所以成功，原因之一，在於正確瞭解美國援華參戰的意願及其逐漸發展的進度。在這個面向，中國駐美大使胡適有其不可抹滅的貢獻。

胡適日記裡記錄的兩個工作重點，在在配合著國民政府以空間換取時間的抗戰策略。其一，到處演講，爭取美國朝野的同情與支持。其二，收集並隨時向蔣介石報告美國政府的動向。

何以知道胡適在美國四出鼓吹援華抗日的績效呢?答案來自日本的震怒。一九四〇年十月三十一日，日記內附一英文剪報（未註報名和日期），題目是「CHINESE ENVOY'S TOUR AROUSES IRE IN TOKYO - Japan Times Says Hu Shih Is Leading U.S. to War〔中國使節巡迴演講惹怒東京——日本時報說胡適正在把美國引向戰爭〕」。

胡適隨時向蔣介石報告美國援華逐漸增加的傾向。國民政府掌握這些情資，長期抗戰的策略得以更為篤定。一九四〇年十二月十七日日記：

> 我的主張仍舊不變，簡單說來，仍是「為國家作點面子」一句話。叫人少討厭我們，少輕視我們，叫人家多了解我們。我們所能做的，不過如此。
>
> 至於政策，則此邦領袖早已決定，不過待時演變，待時逐漸展開而已。今年美國種種對我援助，多是這程序的展開，我絲毫無功可言。其展現之形式皆為先有暴敵走一步，然後美國走一步或兩步，歷次皆是這樣。

這則日記證明胡適精準掌握「此邦領袖」美國總統羅斯福支持中國的意向。本書所收〈出乎常理——胡適談美國總統〉指出，雖然在雅爾達會議糊裡糊塗上了史達林的當，羅斯福確曾不理幕僚正式書面的重歐輕亞的戰略方案，在歐亞戰場大略平均分配美國的戰爭資源，援助中國抗日戰爭，並且視中國為（他心目中）未來世界秩序的主要盟友。一九四一年七月十九日日記，胡適對抗戰只有兩個觀察：「一是『和比戰難百倍』，一是『苦撐待變』」。「『苦撐』是盡其在我。『待變』是等候世界局勢變到於我有利之時！」

軍事方面有白崇禧的「積小勝為大勝，以空間換時間」，外交方面有胡適的「苦撐待變」，這個時候，我們應該歸功於蔣介石的領導能力。為了公平起見，我們也必須檢討國共內戰的蔣介石，那是下一個議題。

四

《悲歡離合》有意思，因其論及國共內戰的部份，正好補充胡適政論〈史達林雄圖下的中國〉（這篇文章有幾個中譯文題，下詳，以下簡稱〈史達林〉）的不足。《悲歡離合》兩位作者（白、廖）無意正面挑戰〈史達林〉的論述，但無可避免在歷史詮釋的領域裡接話發言。

〈史達林〉英文題目是「China in Stalin's Grand Strategy」。刊於一九五〇年的《外交事務（Foreign Affairs）》雜誌。當時《外交事務》仍是季刊。一九五〇年九月十九日胡適日記提到該刊的日期有點混淆：「我的一篇文字"China in Stalin's Grand Strategy"今日在Foreign Affairs七月號上發表。」根據日記記錄的該文的即時反應，該刊於九月十九日發行相當可靠。九月十九日是季刊提前出刊發行的日期，《外交事務》網站上現在標示為「十月號」。

日記裡「『七』月號」應該是個錯字。一九五〇年九月八日，胡適致傅斯年夫婦信，提到這篇文章的要旨，也說在十月號刊登：「夏間發憤寫了一篇長文，給Foreign Affairs〔《外交事務》〕十月號發表，題為"China in Stalin's Grand Strategy"。」

根據一九五〇年八月十五日日記，該文英文題目曾應雜誌編輯建議而改訂：

> 寫完我的一篇英文文字"How Stalin's Strategy of Conquest Succeeds in China After 25 Years' Chinese Resistance"，此文費了我四十天的功夫，甚不值得。（後改題"China in Stalin's Grand Strategy"，Mr. Hamilton Fish Armstrong, editor of Foreign Affairs, suggested the Change.〔《外交事務》編輯漢密爾頓‧菲什‧阿姆斯特朗先生建議更改。〕）

這個相反意見，「甚不值得」花了四十天寫這篇政論，反映著複雜的心情。前引胡適致傅斯年夫婦信提到同篇政論，細說內容大要，用心經營（「此文費時甚久，費力甚多。印成有三十頁之多。因此，許多事都擱起了。」），以及值得撰寫的目的：

> 主旨是要人知道中國的崩潰不是像Acbeson〔Dean Gooderham Acheson，一八九三—一九

七一，美國國務卿）等人說的毛澤東從山洞裡出來，蔣介石的軍隊就不戰而潰了。我要人知道這是經過二十五年苦鬭以後的失敗。這段二十五年的故事是值得提綱絜領說一次的。我要人知道，在這二十五年的鬭爭裡，最初二十多年，處處是共產黨失敗，蔣介石勝利。第一個大型轉捩是西安事變，斯大林命令不得傷害蔣介石，主張和平解決。（白皮書P.47. PP 71-72）此舉決定了抗日的戰爭，保全了紅軍，並且給了紅軍無限發展的機會。第二個大轉捩是耶爾達（Yalta〔現譯「雅爾達」〕）的密約，斯大林騙了羅斯福，搶得滿州朝鮮，使紅軍有個與蘇俄結壤並且在蘇俄控制下的基地。耶爾達密約決定了滿韓的命運，決定了整個中國的命運，也許決定了整個亞洲的命運。

兩種反應相互矛盾，可視為對自己一生志業的反思。胡適很早就認定最愛的著述區塊在於哲學與國故。求學期間用了名詞「擇業」，出自〈吾之擇業〉（一九一四年五月二十八日）。當時因韋蓮司的規勸而發現自己外務過多，而且治學失之「求博而不務精」，決定：「自今以往，當然屏絕萬事，專治哲學，中西兼治，此吾所擇業也。」然而在留學期間，胡適也以輿論家自許。那麼言談所及就不會止於學術研究了。一九一五年一月二十日日記確認輿論家之重要，並在和友人的談話中同意了以下六項「輿論家」的要件：

(1)須能文，須有能抒意又能動人之筆力。
(2)須深知吾國史事時勢。
(3)須深知世界史事時勢。至少須知何處可以得此種知識，須能用參考書。
(4)須具遠識。
(5)須具公心，不以私見奪真理。
(6)須具決心毅力，不為利害所移。

二十四日在回家車中記下：「吾以輿論家自任者也」。胡適回國後，假道〈問題與主義〉一文，進一步界定輿論家的工作內容：「要知道輿論家的第一天職，就是細心考察社會的實在情形。一切學理，一切『主義』，都是這種考察的工具。有了學理做參考材料，便可使我們容易懂得所考察的情形，容易明白某種情形有什麼意義，應該用什麼救濟的方法。」余英時認為：「『創造了現代中國的公共輿論』是胡適重要的貢獻之一。胡適在『公共輿論』上所全力提倡的是：『言論自由、思想自由、出版自由』，而他所全力爭取的則是『人民有批評執政黨及政府的合法權利。』」

胡適學成歸國，在學者和輿論家之外，進一步參與國民政府活動，其間以出任中國駐美大使為公職的巔峰。學者參與民間時事評論、政府施政討論、應邀出任公職，當然都無可厚非。但是卸任大使用了四十天專心撰寫一篇政論，那個學者身份的「我」受到冷落，終於出聲，發發牢騷：「甚不值得」。

話雖如此，〈史達林〉於海峽兩岸影響極大。它曾是台灣威權時代最重要，在短期內甚至是唯一的，大陸易幟的歷史解釋。大陸隨即掀起批判胡適思想的熱潮。胡適留在大陸的次子胡思杜，九月二十二日在香港大公報發表〈對我父親——胡適的批判〉。胡思杜此舉引起中英文媒體報導。胡適告訴來訪的英文媒體：「在共產國家沒有沈默的自由（in Communist countries there is no freedom of silence）。」

台灣至少出現三個中譯版本：中央日報（一九五二年十一月八日日記裡只附十月三十日中央日報剪報，剪報文章作者是記者彭河清，稱胡適文章為〈史達林征服世界戰略下的中國〉，收入《胡適選集——歷史》，台北市：文星書店，一九六六年六月），《自由中國》第三卷第十期〈史達林雄圖下的中國〉（譯者雲軸），以及胡適紀念館單行本《史達林策略下的中國》。如下文所述，胡適日記裡稱其為〈在史大林戰略裡的中國〉。

蔣介石大表激賞〈史達林〉。一九五一年十月十一日胡適日記：

> 周君〔指周宏濤〕帶來蔣總統九月二十三日的親筆信，答覆我五月三十一的長信。他說：

> 我的〈在史大林戰略裡的中國〉中以為此乃近年來揭發蘇俄對華陰謀第一篇之文章，有助於全世界人士對我國之認識非鮮，豈啻敘史翔實謹嚴而已。

又說：

> 尊函所言憲法問題、黨派問題，以及研究匪情、瞭解敵人等問題，均為目前急務。然非面談不能盡道其詳。故望駕回之心更切也。

又說：

> 一別將近三載，甚望能於本年底歸來，面敘衷曲，藉此親祝先生六十誕辰，聊慰平生企慕之忱。

這是很客氣的話。

蔣介石的反應引導和幫助我們體會《悲歡離合》如何繼續並且延伸〈史達林〉的思維。胡適沒有軍事教育或參軍經歷，從來不為任何戰爭成敗做軍事行動的分析。所以〈史達林〉不事軍事分析，未必刻意在為蔣介石解套。但〈史達林〉開宗明義從歷史學家角度指出大陸易幟是國民黨中國和世界共產主義，蔣介石和史達林之間（between Nationalist China and world Communism, between Chiang Kai-shek and Stalin）鬥爭的結果，其間西安事變和雅爾達密約重創了蔣介石。這下好了，蔣介石敗在比中國共軍更龐大的敵人手中，史達林欺騙了羅斯福總統。〈史達林〉完全不談國共內戰的軍事佈局、遣兵調將、裝備、兵源、軍事行動的時機與效應。話題稍微轉移，理所當然地讓蔣介石暫時擺脫責任追究的困境。

〈史達林〉不忍苛責蔣介石，也可能因為胡適認為蔣介石的國際聲望會影響到台灣的前途。一九三六年十二月十三日，胡適聽到西安事變，蔣介石生死不明，當天日記有這句話：「蔣若安全出險，必可以得一教訓；蔣若遭害，國家民族應得一教訓：獨裁之不可恃。」在〈史達林〉發表的年代，胡適認為蔣介石仍然是個獨裁者，獨裁者與國家的命運綁在一起。當時美國朝野大有認為蔣介石應為國共鬥爭敗局負責的人。胡適在乎台灣的前途，不願火上添油。

當然，台灣現在已非昔日的專制政府，是可以搜證細查軍事責任的時候了。我們受益於《悲歡離合》中冊「國共內戰」詳述的細節，知道〈史達林〉提到一九四五年中共部隊進入東北，但忽略了白崇禧去東北之前，國軍軍令系統的混亂，未提一九四六年國軍在四平街戰勝之後，蔣介石受美國特使馬歇爾壓力，不聽白崇禧建議，下令東北停戰，企圖「以戰逼和」，以致錯失趁勝渡過松花江進擊的良機。林彪因此得以在東北喘息，從俄軍手中接收日本關東軍留下的優良裝備，終於重整旗鼓，吞噬東北，影響國共內戰大局。白崇禧晚年為此難以釋懷。蔣介石的反省和檢討也引以為憾。

為何胡適〈史達林〉沒提東北停戰決定的影響？軍事本非胡適所長。或許他和其他一些歷史學家一樣未曾身歷其境，缺乏充分的第一手參考資料，難以（或無意）想像戰敗一方曾有扭轉大局的機會。古訓「敗軍之將，不可言勇」如雷貫耳，何必去揣測敗軍之將是否可能擁有反敗為勝的智慧呢？

偏偏這是《悲歡離合》的兩種歷史態度。其一，拒絕順從戰爭結局去尋找「敗者必敗」的理由；堅持去記錄可能扭轉劣勢的契機。「可能」雖然不是「必然」，但「不服輸」或抱憾都是「精神」。其二，記取或許值得後續政治領袖參考的教訓：外國（例如俄國或美國）和本土（例如中國或台灣）的利益未必一致；善用外援，但不要盲目任其擺佈。

《悲歡離合》出版，可謂適得其時。

五

除了軍事責任之外，《悲歡離合》嘗試完成的使命或施放的信息，是重新評估統帥的胸襟氣度。白先勇〈君臣一體，自古所難〉這段話相當沈重：「蔣介石是一國領袖，三軍統帥，大陸上軍事失敗，蔣當然應負最大責任，諉過於白崇禧是把白當作代罪羔羊。其實大家淪落到台灣已是山窮水盡，理應同舟共濟，臥薪嘗膽，共謀復國良策。可是蔣介石對桂系，尤其對父親白崇禧餘恨未消，復仇心理，一直蠢蠢欲動，常常藉機給白難堪。」

什麼才是值得我們嚮往的胸襟氣度呢？舉個例子。

唐太宗親征高麗，未竟全功而返。貞觀二十年（六四六），太宗問李靖為何失敗。（司馬光《資治通鑑》，唐紀十四。）

> 上謂李靖曰：「吾以天下之眾困於小夷，何也？」靖曰：「此道宗所解。」上顧問江夏王道宗，具陳在駐驆時乘虛取平壤之言。上悵然曰：「當時匆匆，吾不憶也。」

李靖要唐太宗問江夏王道宗，可見李靖知道道宗的建言未被採用。道宗報告自己曾獻計派奇兵直取平壤之事。太宗聽了沒有直接認錯，但心胸寬闊，知道決定權在於自己，沒有責怪隨行出征的文武官員。貞觀十七年，魏徵薨。唐太宗思念魏徵，告訴侍臣：「人以銅為鏡，可以正衣冠，以古為鏡，可以見興替，以人為鏡，可以知得失；魏徵沒，朕亡一鏡矣。」這句至關重要的主帥納言的名言，就此千秋萬世流傳起來。貞觀十九年，在高麗征戰後，班師回朝路上，唐太宗想到已過世的魏徵：

上以不能成功，深悔之，歎曰：「魏徵若在，不使我有是行也！」

約四百年之後，（宋朝）司馬光寫這段歷史。他如何知道古人之間的對話細節並不要緊，重要的是他認為這次戰爭失敗有其軍事策略的原因。（元朝）胡三省的注文更強調了那個觀點，認為唐太宗不聽建言，錯失了兩個，不只是一個，攻取平壤的良機：「是役也，不唯不用乘虛取平壤之策，乘勝取烏骨之策亦不用也。」胡三省的總評如下：「太宗之定天下，多以出奇取勝，獨遼東之役，欲以萬全制敵，所以無功。」

蔣介石有其不可抹滅的歷史功業：北伐，抗日，偏安。台灣風雨飄搖，但日益富裕康泰，實乃中國歷史上少見之佳境。話雖如此，我們稍予比較即可看出：蔣介石國共內戰，唐太宗遠征高麗，都是敗北，但前者的胸襟氣度遠不如《資治通鑑》所展示的後者。

與主帥胸襟氣度相關的是評論者的態度。胡適一生寫日記，意在發表，所以有些事故意不寫，而且評人論事常像史官那般慎重。比如說梁啟超過世，胡適日記裡全盤檢討梁啟超的學術成就與心胸氣度，先是嚴峻，繼以容忍，在一片漆黑中，儘量想出正面的評價。比如宋美齡和宋子文，胡適日記都有眼觀目睹的第一手資料，毫不留情的貶辭。但在一九四九年之後，當大家都是天涯淪落人的時候，就又突然寬鬆起來。胡適這種令人欽敬的人格特質，目前還沒有胡適研究者明確指認。

白先勇身為人子，情況不同。如《悲歡離合》下冊「台灣歲月」所示，他在台灣親歷被保安監視的生活。現在蔣介石日記裡的偏執公諸於世，白先勇難免要據實道來，張顯蔣介石個性的陰霾，為父親出一口悶氣。當然，也許外人可以接受，較為寬容的觀察是：如果那威權者仍有行為規範的觀念，僅只在私己的日記裡瘋言瘋語，僅只監視而不殺害心裡怨恨的下屬，倒也算是知道自己行為的周界。

胡適為父親胡鐵花整理並出版年譜與著作。白先勇為父親白崇禧平反。他們都是他們父親的好兒子。

今天下父親們羨慕的好兒子。

參考資料

1、《胡適日記全集》二版，台北聯經出版社，二〇一八年九月。

2、白先勇《父親與民國——白崇禧將軍身影集》，兩冊本，台北時報文化出版企業股份有限公司，二〇一二年四月。

3、Hu Shih, *China in Stalin's Grand Strategy*, *Foreign Affairs*, October, 1950.

4、胡適著，雲軸譯，〈史達林雄圖下的中國〉，《自由中國》第三卷第十期。

5、司馬光編著，胡三省注，《資治通鑑》第十三冊，北京中華書局出版，一九五六年六月，頁六二三〇，六二三四—六二三五。

6、周質平《胡適的美國情緣》，香港中華書局，二〇一九年七月，頁二十五。

7、胡頌平編著《胡適之先生年譜長編初稿》增補版，第八冊，台北聯經出版社，二〇一五年六月，頁三三四二。

8、胡適〈致傅斯年夫婦〉，《胡適選集—書信》，台北市：文星書店，一九六六年八月，頁一一一—一一二。

9、《胡適選集——日記》，台北市：文星書店，一九六六年八月，頁一四七—一四九。

10、《問題與主義》，台北市：遠流出版公司，一九八六年二月，頁一一三。

11、《胡適演講集——讀書與人生》，瀋陽市：萬卷出版公司，二〇二二年一月，頁八十。

12、周質平〈耿雲志先生與胡適研究〉，台北市：《傳記文學》月刊，二〇二四年九月，頁一四〇。

風尾巴還留在樹梢上

——單德興《山東過台灣——流亡學生夫妻自傳合集》

一

《山東過台灣——流亡學生夫妻自傳合集》收錄兩本自傳：單汶《泓川流蹤》，孫萍《人海萍蹤——法粹自述》。編註者單德興是兩位傳主（單汶和孫萍夫妻）的長公子。本書二〇二三年九月印出。書末註明「非賣品」，沒有上市，只寄給國內外圖書館收藏。有興趣的讀者可以向大學圖書館或台灣的大學及地方圖書館查詢、建議收藏、以及借閱。

單德興是台灣教育體系培訓出來的人文學者，中研院歐美研究所特聘研究員，著作等身，總共撰寫、翻譯、編輯了近六十本書。大概這本《合集》最為貼心。他為父母兩傳詳附註腳，添加照片、單孫老家地圖、嶧縣中學／濟南四聯中二分校流亡遷徙圖、單孫兩家族譜、單孫兩氏家訓、兩位傳主年表、編註者參觀幾個山東流亡學生特展的報導、以及析論（〈編後記——重拾家族記憶‧回顧歷史軌跡〉）。幾條歷史發展痕跡串連起來：單孫兩家在山東代代傳承、山東學生顛沛流離到台灣、兩位傳主在台灣落地生根（變成台灣人）、兩位傳主返鄉探親（兩岸平行發展多年後的互動）。由於兩位傳主親自經歷澎湖七一三事件，〈編後記〉簡要總結該案以及兩起後續白色恐怖事件（一九四九年「山東流亡師生冤案」，以及一九五五年「台中四二五事件」），都顯示學術研究的嚴謹和冷靜。書末「參考資料」洋洋灑灑，肯定可以幫助今後的相關學術研究。

為了強調本書重要，〈編後記〉提示全書五點特色以及八個意義。大都言之成理。所以編註者和兩位傳主肩並肩脫穎而出。母親很早就查覺兒子的特殊敏感和思維。

> 民國四十八年八月七日八七水災，次日一早，「德興站在窗邊看著樹梢發愁，他認為風尾巴還留在樹梢上。」[1]

一般來說，自傳是否可取，最重要的衡量標準是誠實。兩位傳主暢所欲言。雖然編註者有所篩選，兩傳仍具史料價值。我同意單德興這個聲明：「編纂此書以忠實為首要原則，少數涉及隱私或激憤之語，基於當事人或為長者諱而稍有修飾或刪節，然而無損於整體價值。」[2]

本文在歷史的大框架中印證與三個事件（餓死、殉節、和土改）有關的背景資料，從而了解兩部傳記與中國歷史千絲萬縷的聯繫。

1 《山東過台灣——流亡學生夫妻自傳合集》，頁一二九。
2 《山東過台灣——流亡學生夫妻自傳合集》，頁二二一—二二二。

二

餓死事大。兩位傳主最後決定既往不咎。單汶描述他媽媽如何死亡：

「母親於一九六〇年（民國四十九年）饑餓成疾，以致過世。」[3]

「一九六〇年中國大陸饑荒之時，口糧少得可憐，配給不夠食用，母親寧可少吃，省給父親，因而疾餓交加，與世長辭，卻保住父親的性命，可謂賢德兼備。」[4]

單汶的措辭，「賢德兼備」，相當正式，配合兩傳尊重中國傳統倫理道德的態度。「賢德兼備」的「德」大概指婦德。這是以男性為主的思維。妻子犧牲自己生命來保全丈夫，我們很快就想到婦德，即傳統對於婦女行為規範的一種要求。

這個特殊德行的稱謂必須和性別綁在一起嗎？丈夫犧牲生命來保全妻子，我們就難以用性別來界定德行的標籤。中文詞彙裡沒有「男德」或「夫德」的提法。我們需要較多的話語來闡釋。舉個例子。張愛玲《秧歌》金根為了保住妻子月香而犧牲自己的生命。我曾建議：

---

3 《山東過台灣——流亡學生夫妻自傳合集》，頁十。

4 《山東過台灣——流亡學生夫妻自傳合集》，頁十一。

「張愛玲小說兒女私情的最高境界是犧牲自己，成全對方，而非佔有。金根不顧自己凍死的危險，毅然決然脫下自己的以及月香先前留下的棉襖給月香，也是一種犧牲與成全。」[5]聽來實在有些囉嗦。

單汶母親和金根都是為配偶而犧牲自己生命，只有在前者我們才能很方便而且快速想到與性別相關的特殊要求。這是傳統道德觀念影響現代思維的例子。

一九六〇年正值中國大饑荒（一九五九—一九六一）的高峰。其結束年份有不同的說法。季辛吉（基辛格）《論中國》注重中國革命歷史和外交關係演進，淡筆寫「大躍進」：「『大躍進』付出了慘重的代價」，「大躍進」引起的饑荒到了一九六二年「還未結束」。[6]

賈斯帕・貝克（Jasper Becker, 1956-）《餓鬼：毛時代大饑荒揭秘》專書討論「大躍進」運動及其導致的大饑荒。其中一章析述死亡人數。餓死的多是鄉下人。由於中國官方人口普查數字屬國家機密，饑荒死亡人數始終眾說紛紜。學界一般認為較可靠的提法有二。其一，從一九五八年到一九六一年，饑荒死亡三千萬人。其二，一九六〇年鄉間饑荒死亡一千九百

5 高全之，《張愛玲學》增訂二版，台北：麥田出版社，二〇一一年，頁一七七。

6 季辛吉（基辛格）《論中國》，胡利平，林華，楊韻琴，朱敬文合譯，北京：中信出版集團，二〇一五年七月，頁一七七。

八十萬人。

這個中國大饑荒完全出自人為，和愛爾蘭、印度的饑荒不同。當時中國沒有戰爭、植物病蟲害、洪水、旱災。毛澤東完全掌控國家機器，視若無睹國外糧倉滿滿、國際救援大有可能。由於「大躍進」引起「事在人為」的災難，貝克這本書的附題直接稱其為毛澤東造成，然後刻意隱瞞的饑荒。

單汶夫妻返鄉，會見孫萍年過八旬的二嬸。二嬸明令：「親人團圓，一大喜事，咱們不談傷心往事。」[7]為了體會單汶夫妻和山東鄉親們克服痛苦往事的巨大能量，我們大可留意中國大饑荒生還者接受貝克訪談，還記得包括吃食死屍而求活在內的許多慘狀。貝克引述的幾個缺乏實據或析論的猜測之中，有個山東省的數字：天安門事件後，一位中國資深官員移居美國，估計五個省份（河南、安徽、山東、四川、青海）個別的大饑荒死亡人數，其中山東省餓死了七百五十萬人。[8]

德國齊柏林大學（Zeppelin University）校長余凱思（Klaus Mühlhahn, 1963-）著作《使中國現代化：從大清到習近平》執意從中國立場，不勉強使用外國標準，來瞭解從清朝到當今中國的發展。這位學者絕非那種「逢中必罵」的淺人，但提到大躍進，仍然為其引發的大饑

---

7 《山東過台灣——流亡學生夫妻自傳合集》，頁一四六。

8 Jasper Becker, Hungry Ghosts: Mao's Secret Famine, 1998, United Kingdom, Holt Paperbacks, p270-274.

荒做了如下推測：

> 從一九五九到一九六一，飢荒最嚴重的三年裡，我們無法得知有多少人死亡。根據大陸官員編制的統計數據，估計有一千六百萬到一千七百萬人死於非正常原因；外國分析師估計高達四千五百萬。根據一般認為最可靠的估計，大躍進導致兩千七百萬至三千萬人死亡。[9]

單汶夫妻是台灣澎湖七一三事件受害人。大陸鄉親是大饑荒倖存者。二孀一聲令下，兩岸的家人就暫不去細述公憤私怨了。

三

《人海萍蹤——法粹自述》是難得一見的女性自傳。尤其值得注意祖母殉節的憶述。學者曾經在明清廣東地方誌裡撿拾殉節當事人（多數是虛擬的）言談，以便了解編撰者如何向

[9] Klaus Mühlhahn, Making China Modern: From the Great Qing to Xi Jinping, Harvard University Press, 2019, p444.

社會大眾宣導烈女貞節觀念。[10]孫萍如何記載祖母過世前的言行？

> 我祖父煒成公英年早逝，祖母殉節（奉旨旌表節烈，事載縣志），留下我兩位姑母、兩位伯父及我父（業久、業常、業永）。我父年紀最小，僅八個月，驟失雙親，頓無依靠，均賴三祖父煥成公與三祖母含辛茹苦，將我父撫養成人，愛如己出，恩同再造，我們皆稱祖父母。[11]

祖母留下五個孩子，逝世前的言行記錄一片空白。大概孫萍毫不知情，也沒有（如前述某些明清廣東地方誌）為了辯解殉節而編造謊言。孫萍在台灣撰寫自傳之時，不可能不知道殉節舊習曾遭譴責，已不為社會接受，但仍勇於據實記錄三祖父母撫養父親的恩情。知之為知之，不知為不知。孫家長輩有其後續動作，彌補祖母大去，留下五個孤兒的遺憾。

我們如果瞭解清末民初輿論批評殉節舊習的激烈程度，即可體會孫萍的謹慎。舉個例子。一九三四年六月一日魯迅於「申報」針對發生在上海的殉夫時事，發表關於傳統禮教傷

10 杜雲南，劉正剛《明清廣東方志書寫烈女「言論」探析》，《中國地方誌》，二〇一四年第六期，北京：中國社會科學院。謝謝加州大學洛杉磯分校圖書館程洪博士幫助尋找參考資料。

11 《山東過台灣——流亡學生夫妻自傳合集》，頁一〇一。

人的評論。這些陋習頑強難除，殘存至近代，而且兼及城鄉。以下引文裡的「自殺」指殉夫事件：

> 責別人的自殺者，一面責人，一面正也應該向驅人於自殺之途的環境挑戰，進攻。倘使對於黑暗的主力，不置一辭，不發一矢，而但向「弱者」嘮叨不已，則縱使他如何義形於色，我也不能不說——我真也忍不住了——他其實乃是殺人者的幫兇而已。[12]

孫萍沒有責備自殺者（祖母），沒有魯迅所謂幫兇的問題。魯迅聲討「黑暗的主力」，就此案例而言，箭頭直指獎勵殉夫的政府、宣導烈女貞節的地方誌、順從舊習的家族。孫萍沒有怪罪自家長輩。昔人已遠，怪罪有什麼益處呢？孫萍僅僅提到祖母獲獎（「奉旨旌表節烈，事載縣志」）和孫家的後續動作，言簡意賅，並未鼓吹舊式道德觀念。但孫萍的相關表述不止於此。

自傳提及村裡有個偷工減料的小牌坊，說明傳統禮教影響範圍遠大於孫家，但並非每個村民都受其強壓控馭。承建貞節牌坊的人貪圖錢財，膽敢以不合（預先同意的）孫門牌坊規

12 魯迅〈論秦理齋夫人事〉，《魯迅全集》第五卷，北京：人民文學出版社，二〇〇五年，頁五〇八—五一〇。

格的成品交差。孫萍氣憤，表面上的理由是承包商違約。但更深層的意義是允許我們想像：孫門牌坊在那奸商（或奸工）心裡已經缺乏至高無上的典範價值；新建牌坊縮小，反映出傳統節烈概念在農村開始式微。

> 鄰村有一小小牌坊，極不醒目，我們都曾看過。據說，某年本縣有一千金為未婚夫殉節，是為望門孀，當時正值縣官卸任離職，臨行時留下大筆款項，交代負責人員，仿照白樓村孫門牌坊建一座牌坊。縣官走後，負責人草草了事，扣下大筆款項，只建了一座極小的牌坊。真有昧了良心的人！[13]

孫萍見證了從大牌坊到小牌坊的漸進過程。自傳裡另個事例——建議族譜「應將女兒入譜」——展示那個漸進過程的結論：我們應該廢除封建時代重男輕女的陋習。

> 會商三修族譜之事。當時我提出議案，建議「應將女兒入譜」，原因在於時代變遷，為了血脈之延續，應廢除封建時代重男輕女的陋習，以順應潮流。……我提議女性入

13 《山東過台灣——流亡學生夫妻自傳合集》，頁一〇九。

> 譜之本意，是考慮大陸為減輕人口壓力而實施一胎制，在此狀況下，子、女應無差異，女性入譜即視為後繼有人！今之女性有繼承權，且負有孝親義務。同是祖先血脈相傳，怎能有排擠心理？[14]

孫萍用她的一生來抗拒傳統禮教的性別歧視。白樓村孫門牌坊無論曾經如何滿足了昔日的道德要求，現在就讓它留在記憶裡，不必實際複製於台灣。台灣是孫萍的新的家園。

四

兩傳都強調自己父親（或父母）和佃農相處融洽，解放後沒有在鬥爭地主的過程裡受到傷害。兩傳並未直接點名，但極可能指涉，土地改革。至少我們可以說它們提示了和平土改的可能：中國幅員廣大，各地農村地主和佃農的關係，以及共黨幹部通達人情的程度大可不同，有些農村並無地主和佃農之間的嚴重衝突。

單汶自傳：父親「對於佃戶（多是族人和老鄉親）視同家人般照顧，相處都很友善。

14 《山東過台灣——流亡學生夫妻自傳合集》，頁一六二—一六四。

解放之後被視為『模範地主』，未受嚴酷迫害」。[15]

孫萍自傳：「父母感情深厚，志趣相投，待人寬厚，心地光明磊落，善待下人。解放後的鬥爭會上，台下寂靜無聲，無人發言攻擊，父親唯恐佃戶因此遭逢不測，在台上催促佃戶發言，佃戶實在不得已，只得說，記得到城裡出差時，給西門裡幹活，到南門裡吃飯。原來他們是給大伯父幹活，到我們家吃飯。這個鬥爭會當然開不起來。此是後話。然父母待人之寬厚，佃戶們感恩之深切，由此可見一斑。」[16]

前文提到的可能性是目前所見，中國土改手段夾雜暴烈與緩和的兩個原因之一。另外一個原因是胡適所記，毛澤東的政策性改變。一九五七年一月二十五日胡適日記，提及友人告知毛澤東有篇「大文章」值得留意。日記尾句為自己做個備忘錄：「此文大值得檢來一看」。但胡適日記不再重提此事。不知後來是否如願閱讀。

林孟工先生說：毛澤東在一九五二年六月四日（或五日、七日）有大文章，題為〈為

15 《山東過台灣——流亡學生夫妻自傳合集》，頁十。

16 《山東過台灣——流亡學生夫妻自傳合集》，頁一〇六。

> 爭取財經好轉而奮鬥〉，內容主張：
> (1)肯定世界和平，
> (2)中共要裁軍，
> (3)土改要溫和化，
> (4)對工商業要採和緩政策，
> (5)節省開支。
> 不等到三星期，「韓戰」就起來了。
> 此文大值得檢來一看。[17]

這則日記提到韓戰，可見日記提到的年份錯誤：應是一九五〇年。毛澤東文章（六月六日）以及韓戰（六月二十五日）都發生在該年的三個星期之內。毛澤東文章題目應是：〈為爭取國家財政經濟狀況的基本好轉而鬥爭〉。

毛澤東這篇文章收入中共中央文獻研究室《毛澤東文集》第六卷。該文這樣總結當時的土改政策實施情況：「在老解放區人口（一億六千萬），土地改革已經完成」，但「在新解

---

17 《胡適日記全集》二版，台北：聯經出版社，二〇一八年九月。第九冊，頁二六一。謝謝中研院趙麗婷小姐幫忙查證資料。

放區（約有三億一千萬人口）」，「土地問題還沒有解決」。毛澤東認為土改政策的執行方式需要因應不同的客觀情勢而有所調整：「有步驟有方向地進行土地改革工作。因為戰爭已經在大陸基本結束，和一九四六年至一九四八年的情況（人民解放軍和國民黨反動派進行著生死鬥爭，勝負未分）完全不同了，國家可以用貸款方法去幫助貧農解決困難，以補貧農少得一些土地的缺陷。因此，我們對待富農的政策應有所改變，即由徵收富農多餘土地財產的政策改變為保存富農經濟的政策，以利於早日恢復農村生產，又利於孤立地主，保護中農和保護小土地出租者。」

毛澤東預計至少仍需三年完成土改：「要獲得財政經濟情況的根本好轉，需要三個條件，即：（一）土地改革的完成；（二）現有工商業的合理調整；（三）國家機構所需經費的大量節減。要爭取這三個條件，需要相當的時間，大約需要三年時間，或者還有更多一點。」[18]

我們可以合理假定毛澤東的指示曾經實際影響中國農村政策。那麼重要的觀念有二。其一，中國土改確曾腥風血雨。胡適日記注意到「土改要溫和化」，即毛澤東所說：「對待富農的政策應有所改變，即由徵收富農多餘土地財產的政策改變為保存富農經濟的政

18 《毛澤東文集》第六卷，中共中央文獻研究室，藏書網。https://m.99csw.com/book/615/19570.html

策。」所謂「徵收富農多餘土地財產的政策」，其實曾是暴力土改的無可置疑的藉口。有些農村的土改政策執行過激，「徵收」變成強奪，有些富農非僅喪失所有的土地財產，甚至喪失生命。

其二，既然土改的執行曾有舊新解放區的兩個階段，而且毛澤東指示第二個階段的手段要溫和化，只要毛澤東的指示有其效應，那麼並非所有農村的土地改革都滿手血腥。我們不知道單汶和孫萍的故鄉屬於舊的還是新的解放區。但他們的自傳都提醒我們：即使在舊解放區，有些農村仍有可能和平完成土改。

凡此種種都不能改變中國土改曾是暴政的歷史事實。土改小說，如張愛玲《秧歌》、丁玲《太陽照在桑乾河上》、姜貴《旋風》，抗議土改暴力的道德勇氣仍然值得後人推崇。

五

兩傳是單德興近年來就山東流亡學生、七一三事件、白色恐怖、外省族群深耕台灣、兩岸溝通、世代交替等等議題，藉由散文、演講、受訪、訪談、學術研討等等方式，發表相關表述的基礎。對他而言，父母雖非達官顯要，生命記憶卻仍有其重要性。他用這本書來證明：升斗小民的生命經驗，如果詳實記錄，可以入史。

歷史不應該只為帝王將相或精英份子而服務。

張愛玲的胡適粉絲情結

——再談〈憶胡適之〉

一

我曾利用胡適日記和張愛玲私信來證明散文〈憶胡適之〉顛倒實際事件的時序，把兩人的初晤寫成訣別。我曾建議那個做法的一種可能原因：初晤予張愛玲印象深刻，而且該文基本上是篇悼文，訣別明指天人永別。[1]

從功利主義的角度來看，〈憶胡適之〉意圖明顯：利用胡適盛名，為自己作品（如《秧歌》）宣傳。但那篇散文別有懷抱。本文嘗試體會該文另個重要而且有趣的目的：全面檢討作者自己的「胡適粉絲」身份。粉絲兩字原本是個舶來品，自英文單字「fan」或「fans」中譯而來。如本文稍後所示，張愛玲私信討論自己和胡適的關係，就直接用了「fan」。這種人際關係（崇拜對象和粉絲）顯然在作者的腦海裡徘徊不去。

本文參考新資料，辨識胡適撰寫日記和私信的超級謹慎態度，以便瞭解〈憶胡適之〉寫作策略的妥當。張愛玲僅憑胡適一封私信，以及退還的《秧歌》書裡、足以顯示細讀的圈圈點點，就當機立斷公布胡適的加持。張愛玲決定不再計較胡適沒有清楚肯定其他作品（短篇小說集《傳奇》和長篇小說《赤地之戀》）所引起的失望。感謝與知足，變成〈憶胡適之〉

1 高全之，〈胡適與張愛玲的初晤——「憶胡適之」的一種讀法〉，收入《私札與私語——三顧張愛玲》，台北市：時報文化出版社，二〇二二年八月。

飽和的粉絲熱情的情緒基礎。

當然，僅僅體會那份粉絲熱情是不夠的。藉由他們對中國近代歷史發展的看法，以及他們的人生規劃，我們知道張愛玲不是個蕭規曹隨的追隨者。我將試探那個粉絲情結的文學或文化的意義。

這篇補遺文章儘量避免材料和意見的重覆。如果為了本文的可讀性，必須重提相關資訊，則力求簡短。

二

首先做個總結。就目前所知，胡適和張愛玲之間至少有七封信件。

第一封信（張愛玲致胡適）保存在一九五五年一月十一日胡適日記[2]之中。

第二和第三封信（胡適致張愛玲，張愛玲致胡適）保存在張愛玲散文〈憶胡適之〉之中。我們確知鄺文美抄存兩信，不僅〈憶胡適之〉提及那位抄存的朋友，用了女性的「她」，而且一九六七年二月五日宋淇致張愛玲信直言：「前幾天整理書桌，發現Mae〔鄺文美〕曾代抄錄下胡適給你的信，和你回胡適的信，但你第一封信卻沒有留底。我覺得你可

2 《私札與私語——三顧張愛玲》，見註1，頁一四一—一四二。

以拿這段經過寫一篇文章。」[3]宋淇建議張愛玲寫〈憶胡適之〉，請將不如激將，同一信上直言：「如果你不願意寫，我倒可以寫，就是怕抽不出時間。」張愛玲回信表達自己記錄與胡適互動歷史的強烈意願。一九六七年三月十五日張愛玲致宋淇信：「那篇文章我想寫」。那篇文章指〈憶胡適之〉。就理解張愛玲的思維過程而言，〈憶胡適之〉值得細讀。

第四封信（胡適致張愛玲）或許已經失傳。一九五五年十一月二十日張愛玲致鄺文美信：「後來胡適曾有信來講我祖父與他父親的事，下次附寄給你看。」但皇冠出版社《張愛玲往來書信集》沒有這樣的胡適信件。張佩綸（張愛玲祖父）和胡傳（胡適父親）的淵源，見一九五五年十一月十日胡適日記。[4]

第五到第七封信（張愛玲致胡適，胡適致張愛玲，張愛玲致胡適）涉及胡適為張愛玲作保的事，或許已經失傳。〈憶胡適之〉：

> 「一九五八年，我申請到南加州亨亭屯・哈特福基金會去住半年，……我寫信請適之先生作保，他答應了，順便把我三四年前送給他的那本《秧歌》寄還給我，經他通篇

3 本文所引張愛玲和宋淇、鄺文美之間的通信，都出自宋以朗編，兩冊本《張愛玲往來書信集》，台北皇冠出版社，二〇二〇年九月。由信件日期查閱很方便，引文頁碼無需個別註明。

4 見註1，《私札與私語——三顧張愛玲》，頁一四三—一四四。

圈点過，在扉頁上題字。我看了實在震動，感激得說不出話來，寫都無法寫。

寫了封短信去道謝後，不記得什麼時後讀到胡適返台消息。」

這個作保憶述的前提是用胡適的美國住址通信。並不離譜。一九五八年胡適住在美國長達七個多月。一九五八年胡適在台美之間往返的行止如下：四月胡適返台接任中央研究院院長；六月十六日返美處理急事與中研院院務，十一月五日返台。[5]

本文假設終其一生，張愛玲沒有機會閱讀與張愛玲直接相關的三則胡適日記。一九五五年一月十一日日記，內含張愛玲寄給胡適但自己沒留底稿的信。一九五五年一月二十三日日記，記錄胡適閱讀《秧歌》的意見。其中有句：「近年所出中國小說，這本小說可算是最好的了。」一九五五年十一月十日日記，記錄胡適與張愛玲初晤和兩家淵源。

5 請參考本書〈胡適・白崇禧・蔣介石——《悲歡離合四十年——白崇禧與蔣介石》的一種讀法〉。

三

〈憶胡適之〉意在展示作者的正面胡適粉絲情結，但只提啟蒙和終結，完全漏列於兩端之間的棄絕。

張愛玲寫第一封信給胡適之前，就已經知道胡適是自己母親和姑姑的舊識。〈憶胡適之〉：「她（指姑姑）和我母親跟胡適先生同桌打過牌。」值得注意張愛玲這第一封信沒講自家長輩曾和胡適交往，只提小說《秧歌》，希望靠自己的文學作品來贏得胡適的注意。胡適的回信證明她如願以償。

少年張愛玲曾受家裡的胡適粉絲氛圍薰陶。〈憶胡適之〉追憶姑姑和母親與胡適打牌、家人（父親、姑姑、以及自己）合用風行全國的《胡適文存》。《胡適文存》共四集。每集有個別的卷數。一九二三年三月十二日胡適致韋蓮司信，「我的文存（一九一二—一九二一）已在一九二一年十二月集印成四冊」。[6]這個英文信中譯句子的四「冊」可解釋為《胡適文存》第一集四「卷」或平裝版本的四「本」。一九三〇年《胡適文選》序文〈介紹我自己的思想〉講該書乃自「三集胡適文存」之內選出二十二篇論文的選集。當時《胡適文存》

[6] 胡適撰，周質平編譯《不思量自難忘——胡適給韋蓮司的信》，台北市：聯經出版公司，一九九九年，頁一四二。

只出了三集。〈憶胡適之〉裡「我看的《胡適文存》是在我父親窗下的書桌上」，可以解釋為泛稱，一本或多本，一集或多集。另外一句「這本《胡適文存》還是他的」，可以指《胡適文存》的一冊。都說得通。張愛玲的讀者大都知道姑姑於張愛玲的影響。姑姑崇敬和欣賞胡適。〈憶胡適之〉：

「戰後報紙上登著胡適回國的照片，不記得是下飛機還是下船，笑容滿面，笑得像個貓臉的小孩，打著個大圓點的蝴蝶式領結，她（指姑姑）看著笑了起來說：『胡適之這樣年輕！』」

一九六八年張愛玲在美國麻州寫〈憶胡適之〉，已經是與胡適初晤的十二年之後。這篇散文把初晤寫成訣別，記憶可能模糊，但它旨在去蕪存菁，避開負面情緒，專注正面經驗。兩個象徵性的圖像標誌著胡適粉絲情結的萌芽，滋養和定調。報紙照片裡胡適踏上國土像「貓臉小孩」，暗示家庭薰陶，胡適在赫貞江畔看似「古銅半身像」，凸顯最後確認。[7]

7 張愛玲〈憶胡適之〉用視覺印象來表達悼念和尊重。其實胡適在世時候就有個在視覺藝術裡受到肯定的例子：奧地利畫家弗利德里希・希夫（Friedrich Schiff，中文名字「許福」，一九〇八－一九六八）素描「中國哲學家胡適教授畫像」。此畫收入《海上畫夢錄——一位外國畫家筆下的舊上海》：希夫作畫，卡明斯基著文，錢定平編譯，瀋陽市遼

但在頭尾之間有其隱瞞。從張愛玲的立場看，胡張關係開高走低，並非一帆風順。胡適沒有正面回應張愛玲呈閱的《秧歌》之外的其他作品，如短篇小說集《傳奇》和《赤地之戀》。張愛玲相當失望，甚至憤怒。張愛玲自己承認《赤地之戀》失敗，說那是「僅次於〈連環套〉的破爛」[8]。但她從未自貶短篇小說集《傳奇》。合理的解釋是：她視《傳奇》為自己「嚴肅」的作品之一。所以張愛玲強烈反彈於胡適的沉默，可以理解。然而沉默是否可以解釋為否定，當然是個見仁見智的問題。一九五六年二月十日張愛玲致鄺文美、宋淇信：

「我曾經把以前那兩個短篇小說寄了一份給胡適之看，他看了一定很shocked（震驚），此後絕口不提，也不還我，大概因為還我的時候不免讓要加上兩句批評，很難措詞。《傳奇》與《赤地之戀》他看了也很不滿。上一代的人確是不像我們一樣的沈

寧教育出版社，一九九八年八月，頁一五五。這張素描在《海上畫夢錄》一百多張畫作裡，有兩個唯一無二的特點。其一，畫裡主角是有名有姓的華人。兩個落款證明胡適認可這個畫作：畫家英文以及胡適中文簽名。那是正式人像畫（或人像攝影）的慣例。畫面沒註明時間地點。根據錢定平，此畫作於北平，當時胡適是北京大學文學院院長。所以大概在一九三二至一九三五年間，而且場合並非本書副題講的上海。其二，空間分佈比率似具強烈的暗示意義。胡適朝觀畫者的左邊凝視，側面的頭頸完整，但肩膀以及前胸勾勒極其簡短。這是今日所見，許福畫作罕見的現象：個人頭像只用整個畫面約四分之三的上方，下方四分之一留空。人像主人浮在空中，導引觀畫者「仰之彌高」。那是刻意製造的效果。

8 見註1，《私札與私語——三顧張愛玲》，頁九十九。

> 浸在西方近代文學裡，似乎時間的距離比空間還更大。我和Fatima〔炎櫻〕到胡家去過一次後，也沒有再去找過他們。你知道我是too self-centered to be anybody's fan〔過於自我中心，無法成為他人的粉絲〕別人對我一冷淡，我馬上漠然。」

隨後張愛玲離開紐約市。〈憶胡適之〉：「我二月裡搬到紐英倫去，幾年不通消息。」去處應該是一九五六年二月十日張愛玲致鄺文美、宋淇信所說的MacDowell Colony〔愛德華・麥道偉文藝營〕。此後胡張兩人不再有機會見面。

張愛玲的胡適粉絲情結幸好有個復甦的機會。如前所述，一九五八年，胡適為張愛玲作保，申請到南加州亨亭屯・哈特福基金會的「藝文作場」。張愛玲和丈夫賴雅去了那裡住六個月，一九五八年十一月十三日報到，一九五九年五月十三月離開。[9]

皇冠出版社《張愛玲往來書信集》中譯張信這句英文氣話「too self-centered to be anyone's fan」為「太過自我中心，無法與他人交好」。英文字fan（或其複數形式fans），「粉絲」，在人際關係上有仰慕對方的意思，並非地位平等的「交好」。我建議中譯為：「過於自我中心，無法成為他人的粉絲」，較有原文的惡狠狠口氣。這話有針對性，擺明的說：我不是胡

---

[9] Huntington Hartford Foundation, Pacific Palisades, California，司馬新，《張愛玲與賴雅》，台北大地出版社，一九九六年五月，頁一一九，一二六，一三一。

適的粉絲。同樣重要的是，較能襯托出前文提到的，〈憶胡適之〉這種暗示的可能性：家裡有個敬佩胡適的粉絲氛圍。也就是說，〈憶胡適之〉的胡適張愛玲人際關係描寫恰為一九五六年二月十日私信牢騷的更正。張愛玲一笑泯恩仇，盡釋前嫌了。

四

如前所述，我們可以合理假設張愛玲撰寫〈憶胡適之〉的時候，仍未看過當時仍未公開的，直接涉及張愛玲的胡適日記。但兩人會晤之後，張愛玲必然知道胡適原先不知自己是張佩綸的後人。此時張愛玲心知肚明：胡適在知道張愛玲身世之前就已經藉由寄給張的第一封信肯定《秧歌》。但〈憶胡適之〉難以披露這種理解。自己說胡適推崇《秧歌》並非兩家之間的淵源所致，非但失之自誇，而且無從證實，因為手上沒有能夠示之於人的文獻證據。

即便如此，這項認知可能幫助張愛玲克服其他作品未得胡適青睞的沮喪，增強她的自信，讓她毅然決然借道〈憶胡適之〉公佈胡適的《秧歌》意見，視其為極高的榮耀。

我們可以藉由胡適日記和私信的嚴肅態度，證明〈憶胡適之〉做了正確的決定。張愛玲當時是否瞭解胡適日記或私信鮮見對於個別中國近代小說的讚譽，並不要緊。胡適日記和私信各舉一例。

胡適預見自己日記將會公開，著墨時有忌諱，有故意不寫的事。例證之一是一九六〇年十一月十八日日記。那是該年最長的一篇日記，主要記錄到總統府見蔣介石的談話。這段話非常重要，所以這裡多抄一點，以便瞭解胡適如何機警和小心。胡適主動痛陳自己反對雷震軍法審判過程與結果，蔣介石的即時反應卻是胡適對蔣介石個人的忠貞問題。

「總統忽然講一件舊事。他說，去年□□回來，我對他談起，『胡先生同我向來是感情很好的。但是這一兩年來，胡先生好像只相信雷儆寰，不相信我們政府。』□□對你說過沒有？

我說，□□從來沒有對我說過這句話。現在總統說了，這話太重了，我當不起。我是常常勸告雷儆寰的。我對他說過：那年（民國三十八年四月）總統要我去美國。我坐的輪船四月二十一日到舊金山。四月二十一日在中國已是四月二十二日了。船還沒進港口，美國新聞記者多人已坐小氣輪到大船上來了。他們手裡拿著早報，頭條大字新聞是『中國和談破裂了，紅軍過江了！』這些訪員要我發表意見，我說了一些話，其中有一句話，『我願意用我道義力量來支持蔣介石先生的政府。』我在十一年前說的這句話，我至今沒有改變。當時我也說過，我的道義的支持也許不值得什麼，但我說的話是誠心的。因為我們若不支持這個政府，還有什麼政府可以支持？如果這個政府垮了，我們到那裡兒去！——這番話，我屢次對雷儆寰說過。今天總統說的話太重，我受不了，我要向總統重述我在民國三十八年四月二十一日很鄭重的說過的那句話。」[10]

編者這樣註明引文裡的天窗「□□」：「『手稿本』，原文如此，下同。」所以不是文字脫落模糊，連續三個「□□」指同一個人。雷震案件敏感，故隱其名。

當晚胡適收到費正清信及其在十一月七日紐約時報發表的評論雷震事件的投書。下一條日記跳到同月二十三日。那天雷震案重審結果宣判。日記說：「晚九時，張岳軍的信來了，送還費正清教授的信及附件。」可見胡適曾請張岳軍轉費正清信及投書給蔣介石。十一月二十四日日記補記前夜：「各報記者來訪」，要知道胡適對雷震案「覆判」結果的反應。當天日記黏貼覆判判決書全文以及記者來訪的新聞稿。新聞稿裡有這句話：「在整整五十分鐘的時間裡，胡博士曾提到總統於日前接見的事，他說並沒有談及雷震。」顯然胡適拒絕公開承認曾當面向蔣介石進言，以免外人指責蔣介石不聽忠告。胡適謹慎。這幾天的日記就是向後人交代：蔣介石拒絕接受胡適於雷震事件的建議。

[10] 《胡適日記全集》二版，台北聯經出版社，二〇一八年九月第九冊，頁六八七。

比較兩人日記，即可體會學術界領袖和獨裁統治者的差別。胡適反對蔣介石政治的事件不可能僅此一樁。然而即使胡適決定記下異議，如前所述，筆鋒謹慎婉轉。相對而言，蔣介石日記幾度因為胡適異議而點名羞辱。蔣介石日記的直率和誠實出自權勢和傲慢，同時證明胡適並非微不足道。蔣的狂妄有其節制：沒有公開懲罰胡。如果那是忌憚於胡適代表的社會輿論的結果，自我約束也是值得肯定的（為了自身利益著想的）政治智慧。

還有三點值得注意。其一，大陸易幟前，胡適去美國，是蔣介石的指示。證據是那句：「那年（民國三十八年四月）總統要我去美國。」其二，當時胡適確是名滿中外，所以船還未靠岸，美國媒體急著上船來採訪：「美國新聞記者多人已坐小氣輪到大船上來了。」其三，胡適把個人是否效忠領袖的議題轉移為個人要與國民政府共存亡的表態。胡適返台主持中央研究院，確有葉落歸根，在台灣終老的決心。所以說：「如果這個政府垮了，我們到那裡兒去！」

胡適日記評人論事，時或大筆如椽，儼然史筆。我們不知道胡適是否刀下留人，刻意對《秧歌》之外的張愛玲作品保持沉默，諱言負面意見。

胡適不輕易假道信件去負面評價當代文學作品和作家。舉個例子。

胡頌平《胡適之先生年譜長編初稿》，一九六〇年一月二十六日胡適寫了覆蔣夢麟信的信稿，很客氣的表達自己讀過《江山萬里心》的意見。信上這樣說：「張漱菡的《江山萬里心》，她也送了我一本，我也看過了。近來很忙，所以還沒有寫信謝她。這書雖顧忌太多，不能比《旋風》，也是一本很用心寫的小說。等幾天忙過了，我要寫封信給她。」[11]《胡適之先生年譜長編初稿》有個「編者附記」，特別說明那封信稿並未寄出。

胡頌平《胡適之先生晚年談話錄》，一九六一年四月八日，胡適聊天，談到同一本小說。

> 今天先生（指胡適）談起「蔣夢麟寄來一本他很賞識的小說，是一位女作家的作品。我也看了，彷彿是寫共產黨的罪惡。共產黨的罪惡不是親身經歷過是寫不出的。她是一個婦女，沒有能像姜貴寫得深刻。我沒有復信；往往有人會把我的信作為宣傳的工具。」[12]

前引的信稿寫於一九六〇年一月二十六日，談話記於一九六一年四月八日。胡適談話大概在講那封沒有寄出的（回覆蔣夢麟的）信稿，或是說沒覆信張漱菡。可能蔣夢麟，張漱菡都沒得胡適的覆信。

胡適覆蔣夢麟信稿措詞婉轉，但他和胡頌平私聊則直言快語。胡頌平厚道，《胡適之先生

---

11 胡頌平編著，《胡適之先生年譜長編初稿》增補版，第九冊，台北：聯經出版社，二〇一五年六月，頁三二六五。

12 胡頌平編著，《胡適之先生晚年談話錄》，台北聯經出版社，一九八四年，頁一五〇。

晚年談話錄》刻意隱瞞胡適談到的作者以及小說名稱。但胡頌平《胡適之先生年譜長編初稿》抄錄胡適信稿全文，有其不事刪改原文的編輯紀律，就不再理會是否應該為受評者隱姓埋名。

重要的是我們可以確定胡適日記和私信重視《秧歌》。理解胡適謹言慎行，就能體會那些讚美的珍貴。如胡適所料，「往往有人會把我的信作為宣傳的工具」，〈憶胡適之〉公開了他私信的《秧歌》正面意見。胡適想必樂見其成。

五

張愛玲不是個一味盲從的粉絲。我們從四個方面來說明這一點：人性不完美的觀念，最擅長的文類，大陸變色的原因，以及個人的終老規劃。

張愛玲文學一再闡釋人性缺陷的存在。散文〈憶胡適之〉明言，就連我們崇拜的偶像（比如胡適）也未能免除瑕疵。但死者為大，這篇散文輕描淡寫，一句帶過，不究其詳。本書所收〈齊邦媛的「黏土腳」——《巨流河》引起的問答〉將討論張愛玲利用中英文語境傳達雙重意義。其中之一涉及偶像欠缺完美。

兩人最擅長的文類應該沒有爭議：論述胡適，小說張愛玲。

胡適認為自己的文學創作絕非成就斐然。一九二九年二月二十六日日記：

「Hedin（瑞典探險家Sven Hedin）同我談：他是瑞典國家學會十八會員之一，可以推舉諾貝爾文學獎金的候選人。他希望提出我的名字，但希望我把我的著作譯成英文。

此事我有我的意見：如果他們因為我提倡文學革命有功而選舉我，我不推辭：如果他們希望我因希翼獎金而翻譯我的著作，我可沒有那厚臉皮。我是不配稱文學家的。」[13]

這裡「文學家」的一種可能解釋是諾貝爾文學獎傳統標靶的文學創作作家。〈憶胡適之〉有句胡適的謙詞：「以上說的話，是一個不曾做文藝創作的人的胡說，請你不要見笑。」

現在我們回顧〈憶胡適之〉胡張兩人就中國大陸變天所作的討論：

「適之先生講起大陸，說『純粹是軍事征服。』我頓了頓沒有回答，因為自從一九三幾年起看書，就感到左派的壓力，雖然本能的起反感，而且像一切潮流一樣，我永遠是在外面的，但是我知道它的影響不止於像西方的左派只限於一九三〇年代。我一默

13 《胡適日記全集》第五冊，頁五二二—五二三。見註10。

> 然，適之先生立刻把臉一沉，換了個話題。我只記得自己太不會說話，因而耿耿於心的這兩段。」

這段對話文字簡短，詮釋空間遼闊，但前不巴村，後不著店，在相關文獻裡其實孤立無援：胡適日記，胡適致張愛玲信件，以及張愛玲致宋淇、鄺文美信函，都沒有胡適和張愛玲之間關於神州易手肇因的討論。

假定〈憶胡適之〉所記無誤，我們至少可以確定這點：胡適「立刻把臉一沉，換了個話題」，似表不悅，然而胡適沒有放在心上，也未記在當天的日記裡。

〈憶胡適之〉回憶童年或在紐約市與胡適交往，語氣時現遲疑：「恍惚」、「似乎」、「不記得」、「彷彿」。偏偏這個句子，「純粹是軍事征服」，貌似精準。作者一語帶過，刻意表明難於苟同胡適。但僅聽一兩句話，或依賴單一語言閱讀（中文或英文），都不足以瞭解胡適思想。張愛玲沒有因此交談而去研讀胡適，落得有所不知。雖然張愛玲沒有隨聲附和胡適，兩人在大陸問題的議題上各自表述，其實並無矛盾。

〈憶胡適之〉所說的「兩段」可以容納不同的解讀。我的詮釋如下。張愛玲有兩個看法。其一，共產主義進入中國，其來有自，早從一九三幾年就有跡象，那就不能僅以軍事戰爭勝負來解釋一九四九年的大局變化。其二，共產主義在中國的影響將會長遠，當然那也與

「軍事征服」不同。純粹軍事的問題就用軍事手段糾偏，處理的時間或可相當簡短。

我們可以找到和張愛玲兩個看法相近的胡適論述。其一，一九五〇年胡適英文遺稿〈人類知的權利與社區安全的衝突——中國未能遏止共產主義煽動和宣傳蔓延的反思〉（The Conflict between Man's Right to Knowledge and the Security of the Community-Some Reflections on China's Failure to Restrain the Spread of Communist Agitation and Propaganda），正是檢討〈憶胡適之〉提到的，一九三幾年就已經開始的，共產主義在大陸擴張之時，國民政府如何處理不當。[14] 其二，本書所收胡適英文遺稿中譯〈共產主義、民主與文化型態〉，和譯後析梳〈一言而為天下法——「共產主義、民主與文化型態」譯後記〉，陳述中華民族傳統裡有三種與共產主義相與制衡的力量。周質平歸納那篇胡適英文遺稿如下：

(1) 近乎無政府主義對所有政府干預的極度厭惡。
(2) 愛好自由與為自由而戰的悠久傳統——尤其是對知識，宗教和政治批評的自由。
(3) 對個人權利和對懷疑態度的推崇——即使是對最神聖的事物的懷疑。[15]

14 周質平編《胡適未刊英文遺稿》，台北聯經出版社，二〇〇一年，頁六一〇—六二五。
15 見註14，頁六六一—六七二。

值得注意胡適著重長遠的歷史變遷。那是他的思維習慣。證據之一是胡適眼光長及千年的佛教研究。英文遺稿〈中國思想中，懷疑所扮演的重要角色〉（The Important Role of Doubt in Chinese Thought）談到中華思想裡的懷疑傳統如何批評外來的佛教，以致禪宗興起。[16]〈憶胡適之〉「純粹是軍事征服」是「僅僅限於軍事征服」的意思。近年來中國政府常說「中國特色社會主義」，即共產主義華化正在進行的證明之一。

〈憶胡適之〉欠缺完整。胡適在公開文獻中，曾經這樣追究中國大陸巨變的原因：蘇聯共產政權的擴張，以及美英干預之不當。一九五〇年胡適在美國《外交事務》雜誌發表論文〈史達林雄圖下的中國〉，從宏觀歷史角度立言，認為大陸易幟是國民政府和國際共產主義，蔣介石和史達林之間鬥爭的結果，其間西安事變和雅爾達密約重創了蔣介石。[17]一九五二年二月四日，胡適在美國新澤西州西東大學演說。講題是〈雅爾達密約七年以後的中國〉。以下是周質平的摘要（部分）：

16　見註14，頁六二六—六五〇。

17　這篇文章有幾個不同的中譯。〈史達林雄圖下的中國〉，雲軸譯，台北《自由中國》，一九五〇年十一月十六日。另一個中譯，〈史達林征服世界戰略下的中國〉，台北中央日報，一九五〇年十月十九日開始連載，譯者為該報資料室，收入《本黨與匪黨搏鬥史實》，一九五一年三月，台北中央文物供應社出版，也收入《胡適選集》，「歷史」冊，台北文星書店，一九六六年六月，頁一二九—一九四。

雅爾達密約是1945年2月11日簽訂的，胡適在演說中回顧過去七年來這一密約對中國及世界局勢所造成的傷害。為了要蘇聯出兵介入太平洋戰爭，美國的羅斯福總統及英國的邱吉爾首相以出賣中國的利益作為條件。

胡適沉痛的指出：韓國與中國今日的悲劇，直接的或間接的都可歸因於雅爾達密約的簽訂，致使半個韓國與幾乎整個中國陷入了共產黨的統治。[18]

胡適演講解釋雅爾達密約秘密授予蘇聯接管東北的權利，包括日本投降者留下的軍事裝備。中國共產黨部隊很快前往東北去接收那些（當時亞洲最好的）軍事裝備。華夏大陸後來的整體戰局由此而定。胡適毫不猶豫的說：英美兩國也得負起中國大陸山河變色的責任。

現在我們比較胡適和張愛玲的終老規劃。

根據本文第四節引用胡適對蔣介石說的話，我們知道胡適堅定支持台灣國民政府。時過境遷，開放後的中國日趨進步，張愛玲有機會但拒絕回訪中國大陸。張愛玲個人的終老規劃

---

18 見註14，頁二七二。

也與胡適逕庭。這得分大陸和台灣兩部份來看。

一九八二年張愛玲致司馬新信：「我的情形跟一般不同些，在大陸沒什麼牽掛，所以不想回去看看。」[19]一九九〇年四月九日張愛玲致宋淇信，承認心裡的重要顧忌：回訪大陸「是衣錦還鄉的反面，不亟於面對江東父老。」足見她敏銳意識到自己在英語書市沒有功成名就。

台灣從來不是張愛玲「衣錦還鄉」的「鄉」。一九八九年初張愛玲致司馬新的信還說：「中國人不尊重隱私權，正如你說的。所以我不能住在港台。」[20]更重要的是，張愛玲致宋淇、鄺文美的信件曾多次表達對台海安全的關切。[21]

六

張愛玲撰寫〈憶胡適之〉的時候，當務之急是生存，無暇妄想成為任何社會的偶像。但該文記錄了與俗世宗教無關的一個宗教經驗：「跟適之先生談，我確是如對神明。」張愛玲這種特異感覺不可能由中華文化之外的人物引發出來。張愛玲的胡適印象，就閱讀而言，是

19 見註9，頁二二四。
20 見註9，頁二三三。
21 高全之，〈張愛玲的不速之客〉，《私札與私語——三顧張愛玲》，見註1，頁一一九。

從《胡適文存》開始的。那套書的讀者大都知道胡適多方各面的論見未必都是金科玉律，但一馬當先，帶領大家反思和重估中華文明。胡適晚年態度謙和，知道自己貢獻的局限。一九六一年一月二十六日，胡適談學問：「我的方面是多，但都是開山的工作，不能更進一步的研究。」[22]

張愛玲的胡適粉絲意義在其啟因：兩家淵源、胡適曾是《秧歌》的知音、五四運動領袖和後起作家的對應、同是《海上花》的愛好者等等。我建議附加以下這個文學或文化的原因。張愛玲不是沈默的大多數，她的文學作品在在響應胡適所倡導、對中華文明的反思和評估。她幫助推動那股不屈不撓的思潮。雖然沒有人（包括胡適在內）能夠解決所有的問題，這些參與者證實了中華民族，尤其是知識分子，拒絕坐以待斃的決心。也就是說，張愛玲對胡適「如對神明」般的崇敬，是認可和擁抱那些反思和評估的努力。

中華文化與張愛玲千絲萬縷，緊密聯繫。張愛玲在異鄉漂泊，但從來沒有忘記或捨棄她的文化的根。

---

22 胡頌平編著，《胡適之先生晚年談話錄》，見註12，頁一一七。

承先啟後

——胡適和張愛玲鼓吹《海上花》

一

胡適整理舊小說，提倡白話文學，既衝擊文學研究，也影響小說創作。其中見諸文獻、引起關注的因果關係之一，即《海上花》於張愛玲的影響。胡適非僅啟發張愛玲文學品味、強化中國文學傳統和張愛玲小說的聯繫、幫助張愛玲在美國藉由英譯和國譯《海上花》謀生，而且引起張愛玲的《海上花》論述。

《海上花》是胡適和張愛玲開始通信時候的重點話題。多年後，張愛玲〈國語本《海上花》譯後記〉飲水思源，直接引用胡適〈《海上花列傳》序〉，然而言及民國初年舊制婚姻，或許出於尊敬，卻絕口不提胡適。張愛玲的析辯敏銳精闢，具有歷史和社會洞察力道，偏偏那個「過門不入」暴露了整體論述的弱點之一。有趣。這個「話中有人」值得略為梳理。

本文將根據台北皇冠出版社、張愛玲和宋淇、鄺文美書信集，追蹤張愛玲英譯以及國譯《海上花》的歷史。為篇幅簡便，除非特別註明，張愛玲致宋淇（或鄺文美、宋淇）信，一律稱為「張愛玲信」，宋淇致張愛玲信，一律稱為「宋淇信」。我沿用書信集的排版設計，夾註一律以（〔〕）標明。有些夾註抄自書信集，有些是我的補遺。

二

二〇二一年十二月台北「傳記文學」月刊推出「胡適與《南行雜記》」專輯，登載根據最近發現的胡適手稿而修訂的《南行雜記》全文，以及幾位專家的相關論述。這個版本比先前兩岸個別《胡適日記》所收《南行雜記》更為完善。其中一項補漏和胡適〈《海上花列傳》序〉有關。根據席雲舒：

> 手稿第四十六、四十七面本來貼著一張剪報，但剪報後來被撕下，此前各種版本的《胡適日記》裡都缺少這張剪報的內容，我們根據相關材料考證，發現這張剪報的內容就是胡適〈《海上花列傳》序〉裡的一段引文，我們根據〈《海上花列傳》序〉的引文，對這張剪報的內容做了還原和補充。[1]

剪報是篇記述韓邦慶（子雲）生平的文章：〈《海上花列傳》之著作者〉。《胡適古典文學研究論集》收錄〈《海上花列傳》序〉，文末註明：「一九二六，六，三十，在北京

[1] 席雲舒〈胡適的《南行雜記》前言〉，台北：《傳記文學》月刊，二〇二一年十二月，頁七。

（收入《胡適文存》三集卷六）。」[2]這篇序文說「去年十月底」和高夢旦、鄭振鐸同遊南京，鄭振鐸在舊書攤尋得《海上奇書》，其中包括《海上花》二十八回，即是《海上花》的「最初版本」。可見一九二五年十月底之前已結束南行。序文說「我去年想做《海上花序》」，大概和看到《海上奇書》有關。序文又說「今年二月初」孫玉聲送來〈《海上花列傳》之著作者〉的文章剪報。當是一九二六年二月的事。顯然胡適得到剪報文章之時，已經北歸，但一時仍無新的日記本子可用，或認為《南行雜記》的寫作仍未結束，就在《南行雜記》尾端貼上那份剪報，並在剪報之後撰寫相關評見。

胡適有補記日記的習慣。有意或無意把後來發生的事情放在前幾天的日記裡。在此案例，他把南行之後的事記在標題為南行的日記本裡。此非孤例。稍後我將簡要提到另外一個補記的例子。

胡適在《南行雜記》結尾補充新獲得的韓邦慶資料，或可解釋為：胡適在〈《海上花列傳》序〉構思期間已覺得他的小說論述和剛剛結束的南行有所關聯。我們可以合理假設：兩者之間如有呼應，大概就是《南行雜記》兩筆參訪窯子的記錄。兩次訪窯皆非胡適主動發起，而且都是幾個朋友結伴前往，但兩筆記錄都簡潔細緻，掩蓋不住胡適的興趣。《海上花

2 〈《海上花列傳》序〉，《胡適古典文學研究論集》，上海：古籍出版社，一九八八年八月，頁一一〇七—一一三〇。一九八三年十一月台北皇冠出版社《海上花開》所收胡適〈《海上花列傳》序〉是個節本。

列傳》畢竟是個娼妓故事。

南行並非胡適僅有的涉及娼妓的經驗。馬文飛列舉了胡適其他涉足或言及娼妓的記錄。[3]歡場經驗令胡適有信心在〈《海上花列傳》序〉裡說：「韓子雲是熟悉上海娼妓情形的人。」〈《海上花列傳》序〉秉持胡適一生尊重娼妓的態度，高度讚揚那部小說以平常心對待娼妓：「前人寫妓女，很少能描寫他們的個性區別的。」胡適肯定作者韓邦慶宅心仁厚：「作者對於趙氏一家，只忠實地敘述他們的演變歷史，忠實地描寫他們的個性區別，並沒有存心毀謗他們的意思。豈但不毀謗他們？作者處處都哀憐他們，寬恕他們，很忠厚地描寫他們一家都太老實了，太忠厚了，簡直不配吃堂子飯。」[4]

《南行雜記》的窯子筆墨著重於兩性之間的愛情需求。那份渴望或許相連於，但超越，動物本能的性愛。如果理解胡適年輕時的相關覺悟，就能體會這一點。

胡適日記曾經顧及與基本動物慾望相關的健康狀況。一九一一年二月二十日：「連日似太忙碌，昨夜遺精，頗以為患。今日訪 Dr. Wright〔賴特醫生〕，詢之，醫云無害也，余因請其遍察臟腑，云皆如恆，心始釋然。」當時他才二十歲。但他於次年就自我規範日記書寫範疇。一九一二年十二月十六日：

---

3 馬文飛〈胡適《南行雜記》中的武漢敘事〉，台北：《傳記文學》月刊，二〇二一年十二月，頁六十五—六十六。

4 見註2。

自此以後，有事值得一記則記之，否則略之。自今日為始，凡日記中所載須具下列各種性質之一：

（一）凡關於吾一生行實者。

（二）論事之文。

（三）紀事之有重要關繫者。

（四）紀遊歷所見。

（五）論學之文。[5]

這點大概沒有爭議：胡適日記此後執意諱言個人基本動物性。至於胡適做到了多少，讀者當然可以各作詮釋。但就《南行雜記》第二次逛窯筆墨而言，最便捷的解釋確是異性戀愛。

在一家的席上，有一個妓女是席上的人薦給金甫的；席散後，金甫去她房裡一坐，她便哭了，訴說此間生活不是人過的，要他救她出去。此中大有悲劇。〔此〕固是意中的事。此女能於頃刻之間認識金甫不是平常逛窯子的人，總算是有眼力的。那夜回

5 《胡適選集——日記》，台北：文星書店，一九六六年六月二十五日，頁七，頁一〇五—一〇六。

寓，〔因〕與達夫、金甫談，我說，娼妓中人閱歷較深刻，從痛苦憂患中出來，往往more capable of real romance〔更能盡情浪漫一下〕，過於那些生長於安樂之中的女子。[6]

《南行雜記》的意見——娼妓比生長於安樂之中的女子更能戀愛——以間接而微妙的方式出現於〈《海上花列傳》序〉裡。這個敏銳的觀察和《海上花》有關，因為那位「娼妓中人」在《海上花》的對應角色就是〈《海上花列傳》序〉大為稱讚的趙二寶。胡適講趙二寶「溫柔敦厚，怨而不怒」，指趙二寶夢境中的寬厚胸襟。那份胸襟並非空中樓閣，其憑藉即二寶對史三公子的癡心，一種如假包換的愛情嚮往，絕非歡場的虛情假意。那個實際生活（不是夢幻而已）的真誠，以及因而引起的犧牲，呼應著《南行雜記》的娼妓評論：娼妓比男性客人更勇於表達或追求異性戀愛。在〈《海上花列傳》序〉的範例裡，男性是遲疑不決的弱者，或竟然是欺騙異性感情的叛徒。[7]

三

張愛玲寫給胡適的第一封信就提到《海上花》。一九五五年一月十一日信上有句：「很

6 胡適《南行雜記》，台北：《傳記文學》月刊，二〇一二年十二月，頁十五。

7 見註2。

久以前我讀到您寫的《醒世姻緣》與《海上花》的考證，印象非常深，後來找了這兩部小說來看，這些年來，前後不知看了多少遍，自己以為得到不少益處。」[8]

那篇《海上花》考證就是〈《海上花列傳》序〉。張愛玲記得從前在《胡適文存》讀到那篇胡適考證。一九八一年十月十五日張愛玲信，請宋淇找胡適考證《海上花》的文章：「要托Stephen〔宋淇〕影印兩份《胡適文存》裡關於《海上花》這篇文章，寄一份給平鑫濤，一份給我」。宋淇在家裡的《胡適文存》找不到。同年十一月二十六日宋淇信：「你說《胡適文存》中《海上花》考據一文，我家中的那一套四冊《胡適文存》就沒有，會不會根本沒收進去？」同年十一月三日張愛玲信：「胡適關於《海上花》的文章是我纏夾，只記得考據《醒世因緣》那篇是在《胡適文存》卷四，再也想不起《海上花》這篇是在第幾冊，原來沒收進去。」張愛玲忘了這個書系以「集」為單位逐次出版，每集都有多個「卷」，冊數則因平裝本或精裝本而不同。這句話先說「卷」再提「冊」，大概誤「卷」為「集」。一九八一年十一月十六日宋淇信，報告好消息：「回家後又拿《胡適文存》的目錄看了一遍，果然發現第三集中有〈海上花列傳序〉一文」。同年十二月十一日張愛玲信：「胡適那篇考證，我苦思在《胡適文存》第幾冊，恍惚是卷三」。這句話順著宋淇所言「第三集」，說成

---

8 高全之《私札與私語——三顧張愛玲》，台北：時報文化出版企業股份有限公司，二〇二二年八月，頁一四一—一四二。

「卷三」，大概仍誤「卷」為「集」。[9]

一九五五年一月二十三日胡適日記提到張愛玲來信，非常滿意〈《海上花列傳》序〉產生了正面影響：

> 一月二十五日，我答他〔指張愛玲〕一信，很稱讚此書〔指《秧歌》〕。我說，「如果我提倡《醒世姻緣》與《海上花》的結果單止產生了你這本小說〔指《秧歌》〕，我也應該很滿意了。」（此信沒有留稿）[10]

二十五日的事補記在二十三日的日記裡。

張愛玲很早就想英譯《海上花》。一九五五年二月二十日張愛玲致胡適信，提到英譯《海上花》的念頭，但目前暫緩執行，仍以創作為主：「我一直有一個志願，希望將來能把《海上花》和《醒世姻緣》譯成英文。裡面對白的語氣非常難譯，但是也並不是絕對不能譯的。我本來不想在這裡提起的，因為您或者會擔憂，覺得我把事情看得太容易了，會糟蹋了

---

9 張愛玲、宋淇、宋鄺文美《張愛玲往來書信集》第二冊，台北：皇冠文化出版有限公司，二〇二〇年九月，頁六十八—七十三。

10 見註8，頁一四二。

原著。但是我不過是有這樣一個願望，眼前我還是想多寫一點東西，如果有一天我真打算實行的話，一定會先譯半回寄了來，讓您看行不行。」[11]

這封張信坦言「一直」，意指很長的時段。因此陳永健的提法，至少英譯部分可以成立：「以張愛玲對《海上花》的喜愛，國譯和英譯工作是她生平的一大心願」[12]。但目前沒有文獻資料支持同一論斷裡的另一半說法：國譯《海上花》是張愛玲「生平的一大心願」。稍後我將說明國譯的啟動日期。

一九六七年張愛玲得到賴氏女子學院（Radcliffe Institute for Independent Study）贊助英譯。這個申請計劃曾得夏志清推薦，[13]但也可能與胡適有關。一九六七年三月十五日張愛玲信，報告剛獲得英譯這部小說的贊助：「因為胡適的影響立志譯《海上花》，就又有話說些。」[14]大概在申請文件裡借重了胡適的名氣。證諸先前致胡適信上的述志，後來說自己因為胡適的影響而立志英譯此書，當然是實話實說。

---

11 張愛玲、宋淇、宋鄺文美《張愛玲往來書信集》第一冊，台北皇冠文化出版有限公司，二〇二〇年九月，頁一五三。此信亦見散文〈憶胡適之〉，收入《張看》，台北：皇冠文學出版有限公司，一九七六年五月，頁一四六。

12 陳永健《三挈海上花—張愛玲與韓邦慶》，上海：上海書店出版社，二〇〇七年八月，頁一一五。

13 夏志清〈超人才華，絕世淒涼—悼張愛玲〉，收入《華麗與蒼涼—張愛玲紀念文集》，台北：皇冠文學出版有限公司，一九九六年三月，頁一三一。

14 見註11，頁一四四。

英譯工作開始的時候，胡適已過世，張愛玲再也沒有（如前引一九五五年信所提議）英譯半回，請胡適先行品評的機會。張愛玲急需這份工作，絕無同時英譯和國譯（以便出版）的想法。同年六月三十日張愛玲信有句：「譯《海上花》的fellowship〔贊助計劃〕一領到我就接受了。」[15]這裡「領到」作「收到批准通知」解。

張愛玲因為英譯計劃搬去麻州劍橋住。無論酬金厚薄，正業應是英譯工作，卻開始熱心研究《紅樓夢》。續約一年，兩年後英譯仍未完工。張愛玲為此耿耿於懷。去加州大學柏克萊分校中國研究中心上任新職之前，希望發表自己的英文《紅樓夢》論文，以便向資助英譯的校方作個交代：證明自己時間用在其他學研活動。一九六九年五月七日張愛玲信：「也許Hanon〔應該是Hanan，Patrick Hanan，韓南，一九二七—二〇一四年〕可以介紹登一篇在Harvard Journal〔哈佛大學學報〕上。至少我為這個躭擱了《海上花》比較有個交代。」[16]《紅樓夢》英文論文發表的事從此卻無下文。其實就算發表，學術論文發表過程通常耗費時間，肯定會在遠離麻州工作之後。張愛玲缺乏俗世職場的基本常識和敬業態度。同年六月二十四日張愛玲信坦言：「《海上花》還缺十四回沒譯完。」[17]這個譯事指英譯。

15 見註11，頁一五四。
16 見註11，頁二〇〇。
17 見註11，頁二〇一。

一九七一年張愛玲在加州大學柏克萊分校中國研究中心被迫離職。同年五月二十七日張愛玲信：「不預備找事，要趕緊把兩件未完的事做完，那篇《紅樓夢》研究與譯《海上花》。」[18]此時所說的譯事，仍指英譯。英譯拖延至此，其完成與否和麻州工作的關聯有限。一九八一年十一月十六日宋淇信，分析英譯中文小說市場，認為英譯本《海上花》最好能夠由不大在乎書市利潤的美國大學出版社出版：「《海上花》英譯本照我看，不必浪費時間去找commercial〔以商業利益為主的〕出版社，美國人心目中的fiction〔小說〕相差十萬八千里。如果志清能替你弄到Columbia〔哥倫比亞大學出版社〕出版，照我看是求之不得。錢鍾書的《圍城》，巴金的《寒夜》銷路都極慘，Hawkes〔David Hawkes，大衛・霍克斯，一九二三—二〇〇九〕的《石頭記》、余國藩的《西遊記》都不行。陳若曦的《尹縣長》是沾了四人幫的光，她的第二本書就沒有人要。」宋淇表示他在為「職業作家」著想，直言不諱：一般以商業利益為主的出版社不大可能支持英譯本《海上花》的出版。[19]此時張愛玲應該清楚知道英譯本《海上花》在美國出版的困難：無利可圖，只求出版。儘管未能如願成真，英譯本《海上花》對張愛玲而言仍然重要。證據是一九八六年十二月二十九日張愛玲信，報告遺失譯稿的反應：「發現《海上花》譯稿只剩初稿，許多重複，四十回後全無。定

18 見註11，頁二一一。
19 見註9，頁七三—七四。

稿全部丟失，除了回目與英文短序。一下子震得我魂飛魄散，腳都軟了。」[20]全部丟失的應是英譯定稿，因為國譯本已於一九八三年出版。既說「定稿」，在張愛玲心裡，英譯《海上花》算是全部（或大部分）完成了。她身後留下的《海上花》英譯遺稿是「初稿」。

宋淇確實收到英譯《海上花》定稿遺失的訊息。一九八七年一月二十三日宋淇信有句「讀你十二月二十九日的長信」[21]。值得注意此信以及以後信件完全不提英譯《海上花》定稿遺失的事。可能的原因有二。

其一，宋淇健康欠佳，只能專注於張愛玲經濟利益的維護。當務之急在於保護剛剛出土的〈小艾〉版權，立即規劃《續集》和《餘韻》兩書出版。前文已引用一九八一年宋淇信，宋淇苦口婆心解釋英譯《海上花》在美國出版、無經濟利益可圖的困境仍然存在。

其二，宋淇本人中英文修養俱佳，絕非僅有商業頭腦的泛泛之輩，他在「譯叢」(Rendition)刊登英譯《海上花》頭兩回的過程裡，清楚確認整本英譯《海上花》書稿需要高手如閔福德(John Minford，一九四六―）過濾。一九八三年二月二十六日宋淇信：「問題是首二章改過之後，以後幾章怎麼辦？」宋淇一再陳述自己信任閔福德的幾個理由。其中之一是：閔福德和丈人霍克斯聯手英譯《紅樓夢》（即《石頭記》）。霍克斯譯前八十回，閔福德譯後四

20 見註9，頁二七九。
21 見註9，頁二八五。

十回。宋淇讀過並盛讚閔福德英譯的《石頭記》四回。宋淇此信說閔福德英譯的《石頭記》第四冊「最近出版了」。意思是前一年十二月，閔福德負責，從八十一回開始的英譯《石頭記》，藉由第四冊出版而曝光。四月十六日信再說：「第四冊已出版，第五冊正在校最後一校，英文極講究，恐怕是牛津傳統的最後一代了。」五月六日信講得更清楚：「我已經核對過〔閔福德英譯《石頭記》〕四章，找不出一個錯，英文也極具功力，年輕一代中不容易找了。」張愛玲從來沒有直接評論，大概是沒有看過，閔福德的《石頭記》英譯。[22]

宋淇殷切期盼，但沒有硬逼，張愛玲接受閔福德改稿。一九八三年二月二十六日宋淇信，說等閔福德改完英譯《海上花》頭二回，會寄給張愛玲，「等你看了之後再作反應」。張愛玲同意看看英譯修改的情況。三月七日張愛玲信：「《譯叢》《海上花》的事，只好等看了改文再說了。」四月七日信提醒：「英譯《海上花》的改稿還沒收到」。四月十六日宋淇信報告英譯改稿「已重新打好，並由John Minford〔閔福德〕準備好reading notes〔註記〕，其中有些極小、不重要的地方不提。」五月五日張愛玲報告收到宋淇寄來的閔福德改稿。顯然不爽。幾個文字細節的反彈足以再度說明文字翻譯，誰的翻譯都一樣，難以十全十美。張愛玲或有生氣的理由。重要的是她在辯駁之後，勉強接受了改稿：「好容易看完

22 見註9，頁一三二，一四八，一五二。

了Minford〔閔福德〕的改稿，他是真有editorial itch〔編輯癮〕」，「既然來不及再通信，當然由他去斟酌了。所以我回信只好加上最後一段，表示不能再改了。不然他手癢，恐怕Stephen〔宋淇〕跟他說了也沒用。雖然英國編輯較嚴格，Cassell〔卡塞爾出版公司〕也是老牌出版公司，《北地胭脂》〔*The Rouge of the North*，一九六七，張愛玲自譯《怨女》英文版〕也沒改過一個逗點。」五月十四日宋淇信千謝萬謝張愛玲放行。這幾句呵護張愛玲的話令人感動：「我知道你已花盡了你忍耐的極限，最後措詞也情非得已。我知道得很清楚，這次你肯這樣做雖是情非得已，完全看我的面子。我真是說不出的感激：尤其是我知道你對文字特別講究和敏感。」有友如此，夫復何求。然而張愛玲餘忿未平。五月二十一日張愛玲信，說了重話：「連Hawkes〔霍克斯〕譯《紅樓夢》的對白我都有意見——Stephen〔宋淇〕較注重書中詩詞——何況他令婿？」[23]

張愛玲知道宋淇深諳紅學，夠資格裁斷閔福德的《紅樓夢》英譯，據此而討論閔福德是否能夠修改《海上花》英譯稿。但張愛玲也是紅學專家，也可就她所見的霍克斯英譯《紅樓夢》表述己見。這句話「Stephen〔宋淇〕較注重書中詩詞」或可這樣解讀：我們旗鼓相當，都夠格品評英譯《紅樓夢》。然而張愛玲咬定這個女婿（學生）不如丈人（老師），不知有何根據。

---

23 見註9，頁一三二，一三四，一四五，一四八，一四九，一五五，一五七，一五八。

宋淇在「譯叢」刊出閔福德修訂的英譯《海上花》頭兩回，領教了張愛玲反對外人修改自己英譯的強烈態度。宋淇曾說如果兩回經過他人修正，其餘書稿最好也有類似處理。他自己愛莫能助英譯《海上花》出書，而且知道即使有大學出版社支持出書，也不會幫助譯者生計。張愛玲同意英譯《海上花》兩回修訂稿在「譯叢」刊登之後，宋淇下封信，五月二十八日信，立即提醒維持生計問題的重要：「皇冠〔出版公司〕對你說來，仍是衣食來源之一」。現在英譯定稿遺失，正好確定一時片刻不必重啟如何處理英譯出書的話題，所以一片沈寂，宋淇連一句同情的話都不說。我猜想那是宋淇沒有回應張愛玲英譯《海上花》定稿遺失的原因之一。

四

目前所知，張愛玲起心動念出版國譯版的最早文獻，是一九八一年七月四日張愛玲信。事實上，當時她只想翻譯小說裡的對白，「出一本國語對白的《海上花》」。[24] 同年八月六日宋淇信，深表贊同，但把國譯計劃從對白擴大為全書：「你信中提及把原作譯成語體文，意見非常好，完全出我意外。」張愛玲立馬接納宋淇的建議，雖然後來表示對白之外有些敘事文字的翻譯頗吃力，仍勉力為之。一九八三年五月二十一日張愛玲信有句：「事實是光譯

[24] 見註9，頁四十五。

對白也就省事些。」[25]這些私信對話證明在一九八一年七月之前，張愛玲完全沒有國譯全書的想法。遑論出版。

孔慧怡〈英譯《海上花》後記〉指稱張愛玲同時開始兩種《海上花》翻譯工作的具體時期：

> Her belief that it deserved a wider audience made her begin work on a Mandarin version as well as an English translation some three decades ago.〔基於本書應有更多讀者的信念，大約三十年前她開始國語和英文版本的翻譯工作。〕[26]

此說有兩個問題。其一，英譯的起始年份欠妥。張愛玲英譯、孔慧怡校訂的英譯本《海上花》出版於二〇〇五年。上溯三十年，指一九七五年。和一九六七年相去甚遠。其二，所謂英譯和國譯（以便出版）同時啟步，與事實不符。英譯在先，國譯在後，在現實生活層面上，個別動工的原因都是營生：英譯（一九六七）和國譯（一九八一）前後相差約十四年。

---

25 見註9，頁五十五，一五六。

26 Eva Hung, Afterword, Eileen Chang, Revised and edited by Eva Hung, The Sing-song Girls of Shanghai, New York, Columbia University Press, 2005, p530.

五

從《南行雜記》到〈《海上花列傳》序〉，胡適認證《海上花》作者、作品的娼妓態度、娼妓的戀愛能量、小說結構的高明、以及小說語言的成就等等。

張愛玲比胡適研讀《海上花》的時間要長得多。英譯加上國譯，兩份工作予張愛玲細讀《海上花》的大好機會。〈國語本《海上花》譯後記〉展示了許多獨到和深刻的論見。一九八三年三月二十日宋淇信絕非過度恭維：「〈海上花國語本譯後記〉〔應是〈國語本《海上花》譯後記〉〕已看畢，寫得非常之好，是你近來的力作，大概你對此書浸淫數十年，深得其中三味，別人沒有一個寫得出來，連我看後都為之convinced〔說服〕，對《海上花》估價提高了不少。希望此文可以令讀者或多或少接受這本被遺棄的傑作。」[27]。王德威也稱讚〈國語本《海上花》譯後記〉：張愛玲為國譯本「寫有一極具見地之跋〔即〈國語本《海上花》譯後記〉〕」。[28]

張愛玲《海上花》論述至少有（但不限於）以下幾個特點：

其一，用小說作家的角度去欣賞《海上花》。

---

27 見註9，頁一三九。

28 王德威，《小說中國：晚清到當代的中文小說》，台北：麥田出版社，一九九三年，頁一三五。

前文提及胡適推崇韓邦慶熟悉妓院，讚詞裡沒有區分妓院的等級差異。張愛玲非但言及等級差異，而且從小說作者的角度猜測韓邦慶對下級妓院的瞭解可能有限：「劉半農惋惜此書沒多寫點下等妓院，而掉轉筆鋒寫官場清客。我想這是劉先生自己不寫小說，不知道寫小說有時候只要剪裁得當，予人的印象彷彿對題材非常熟悉；其實韓子雲對下級妓院恐怕知道的盡於此矣。」[29]

此非張愛玲使用這種辯詰邏輯的僅例。我曾討論張愛玲不滿宋淇匿名代寫的〈《續集》自序〉，然而為宋淇找到下台階，致信宋淇：「這是因為Stephen〔宋淇〕不寫小說，觀點上沒十分『入戲』。」宋淇完全同意，回信道歉：「一點不錯，是我不寫小說，沒有想到觀點問題。」[30]

這個邏輯推理其實相當尖銳。學者專家們誇誇其談，有幾位寫過小說？寫過小說的，有幾位懂得從小說創作的角度去體會別人的小說情境？

其二，胡適注意娼妓追求戀愛的能量和自主性。張愛玲從妓院等級差異的角度重新鋪陳胡適的意見。〈國語本《海上花》譯後記〉認為至少在上等妓院，妓女「性心理正常，對

29 張愛玲〈國語本《海上花》譯後記〉，收入《海上花落—國語海上花列傳二》，台北：皇冠文學出版有限公司，一九八三年十一月，頁七一六。此文亦收入《續集》，台北：皇冠文學出版有限公司，一九八八年二月。

30 見註8，頁五二一—五二二。

稍微中意點的男子是有反應的。如果對方有長性，來往日久也容易發生感情。」在有些情況下，「妓女從良至少比良家婦女有自決權。」

胡適欲言又止，沒有言明嫖客如何對應娼妓真心或假意釋放的愛情。張愛玲兼顧妓院男女兩性的愛情需求，迎個正著，斷言婚制開放之前，適婚或已婚男性嚮往愛情，往往在妓院裡尋求滿足。

現在我們可以進行下一個觀察。

其三，張愛玲的《海上花》析辯邏輯是社會風俗與小說之間的相互扶持。有時候她以社會風俗來詮釋小說情節或小說語言，有時候她以小說來解釋社會風俗。舉個例子。

張愛玲〈國語本《海上花》譯後記〉指出舊時婚姻制度剝奪了男性自由選擇婚姻對象的自由。《海上花》適時而出，滿足了男性想像戀愛自由的特殊需求。

> 書中這些嫖客的從一而終的傾向，並不是從前的男子更有惰性，更是「習慣的動物」，不想換口味追求刺激，而是有更迫切更基本的需要，與性同樣必要——愛情。過去通行早婚，因此性是不成問題的。但是婚姻不自由，買妾納婢雖然是自己看中的，不像堂子裡是在社交的場合遇見的，而且總要來往一個時期，即使時間很短，也還不是穩能到手，較近通常的戀愛過程。……（略）

《海上花》第一個撰寫妓院，主題其實是禁果的菓園，填寫了百年前人生的一個重要的空白。[31]

這個評價見人所未見，曾引起正面迴響。本文下一節將指出它的一個歷史局限性。

六

張愛玲詮釋《海上花》有其限制，舉四個例子。

其一，低估《西遊記》的普世價值。〈國語本《海上花》譯後記〉認為《西遊記》（以及《三國演義》、《儒林外史》）缺少「通常的人生的迴響」，「似乎實在太貧乏了點」。這方面的討論超過了本文的範疇。有興趣的讀者可以參考我的兩本《西遊記》著作。[32]

其二，所謂婚姻制度鬆綁，自由戀愛通行，妓院小說就過時，未必符合事實。宋淇〈《海上花》的英譯本〉：「太田辰夫的譯本早於一九六九年出版，到一九八二

31 見註29，頁七一〇—七一一。

32 高全之《重探西遊記——神佛妖魔人間世》，台北：聯經出版社，二〇一八年十一月。《西遊二論》，台北：致出版，二〇二三年十二月。

年一月已發行了十版。印刷精美，注解詳盡。」[33]宋淇私信傳達以上這個資訊給張愛玲的時候，直言不諱張愛玲的書市瞭解欠妥。一九八三年八月二十二日宋淇信：「皇冠寄了一套《海上花》日譯本給我，……（略）細讀譯者後記，原來前二十回是《海上奇書》所刊，為譯者自藏，後即根據刻本。可見這本書雖屢改書名，仍有相當銷路，沒有你所描寫那麼淒慘。……（略）此書一九六九年至今居然銷印了十版，國語版將來如何就很難講了。因為現代青年可能對書中內容所描寫的一竅不通，格格不入。」《海上花》日譯本銷路並不淒慘。當然，日本書市接受《海上花》的原因值得進一步探討。

其三，張愛玲悲觀預測國譯版《海上花》不被讀者接納，或許沒有必要。一九八〇年二月九日張愛玲信：「《海上花》只有胡適等幾個人喜歡，與作者同時的更一個都沒有。」國譯版《海上花》連載的反應平淡。一九八三年三月十一日張愛玲信：「〔指國譯版《海上花》〕連載這些時毫無反響，單行本銷路不會好。」[34]〈國語本《海上花》譯後記〉更大膽假設：

---

33 見註12，頁一一七。
34 見註9，頁十，一三五。

這是第三次出版。就怕此書的故事還沒完，還缺一回，回目是：

張愛玲五詳《紅樓夢》

看官們三棄《海上花》[35]

國譯版《海上花》銷量果然不如預期。一九八四年六月二十六日張愛玲信：「大概《海上花》銷路平平（只印了四千五百本，賣了三千五百九十本）。」七月五日宋淇回信：「《海上花》能銷三千五百九十本完全出乎我的意外，如果不賣你的名字，四分之一都賣不掉。」宋淇將國譯本《海上花》銷量不佳的原因歸咎於原著小說。一九八五年二月九日宋淇信說：「《海上花》國語版銷路不理想，還是原作的問題。」一九八五年三月十八日宋淇信再說：「《海上花》的過錯不在你。」所謂的「過錯」，指國譯本《海上花》銷量的失望。[36]

張愛玲期待國譯版熱賣，或許不切實際。但因此而作「三棄」之嘆，也無必要。根據陳永健，吳語版《海上花》在大陸再現的情況良好：

35 見註29，頁七二四。
36 見註9，頁二二一，二三三，二四一，二四六。

一九八二年二月，北京人民文學出版社曾經出版《海上花列傳》的吳語本，印量高達三萬一千冊；一九九九年一月再出一版，印數也有八千冊，在中國古典小說史料叢書市場上，算是一個高量的印行數字。[37]

未曾熱銷，就視為離棄，等於把書本完全等同於普通商品。文史哲書籍除了是商品之外，還有人文價值：傳遞人文知識、生命經驗、批判性思維、宗教想像等等。古今中外，人類社會總有不被商業主義蒙蔽雙眼的少數族群，假道私人收藏、圖書館、學校課堂等等，接觸商業成功率較低的書籍。舉幾個例子。胡適這幾篇序文都在推薦沒有什麼市場銷量指望、但具有出版價值的書：一九五八年胡適自印本《師門五年記》，一九五九年陳伯莊自印本《三十年存稿》，一九六〇年施植之遺族自印本《施植之先生早年回憶錄》。

國譯本《海上花》雖非「暢」銷書，卻可能是「長」銷書。如果用出版當時的銷售情況來界定一本書的成敗，未免自限於「職業作家」的思想方式了。

今後的《海上花》閱讀和研究會逐漸以國譯版為主。國語使用者當然多於吳語使用者。一九八三年六月二十日宋淇信，說吳語版《海上花》到香港，「我們學校沒有一個去買，因

---

37 見註12，頁一七一。

為看不懂蘇白」。[38]國語和方言（例如吳語）流傳的寬窄之別，早在一九二〇年國民政府教育部選擇普通話做為國語的時候就已確定。國語並非北京附近的方言而已。胡適曾解釋國語的選定。在以下引文裡，「中堅分子」指通行最遠，產生最多活文學的方言：

> 我們現在提倡的國語，也有一個中堅分子。這個中堅分子就是從東三省到四川、雲南、貴州，從長城到長江流域，最通行的一種大同小異的普通話。這種普通話在這七八百年中已產生了一些有價值的文學，已成了通俗文學——從《水滸傳》、《西遊記》，直到《老殘遊記》——的利器。他的勢力，借著小說和戲曲的力量，加上官場和商人的需要，早已侵入那些在國語區域以外的許多地方了。[39]

國譯版至少可以和吳語版平起平坐。一九八二年十一月五日宋淇信開始提到《紅樓夢》後四十回英譯者閔福德為「譯叢」審核張愛玲英譯《海上花》頭兩回。次年二月二十六日宋淇信說閔福德用張愛玲國譯版作為中文底版，再參考吳語版：「他是根據我給他看的你的國

---

38 見註9，頁一六二。

39 胡適〈「國語講習所同學錄」序〉，收入胡適《文學改良芻議》，台北市：遠流出版公司，一九八六年二月，頁二五六—二五七。

語版改的，還借了原版來。」[40]王德威認為張愛玲國譯本《海上花》出現，吳語方言的問題「應已得到解決」。[41]

這不是說張愛玲的國譯版一定無瑕可擊。正如她的英譯版有人修訂，她的國譯版也會有修改意見或修訂版。重要的是：國譯版《海上花》增加了這部小說的存活機會。張愛玲的《海上花》貢獻不必在於她英譯或國譯的完美。她堅持為非吳語使用者介紹這部小說，無論動機在於營生或學術或自娛或其他理由，畢竟促成了目前最可用的英譯和國譯版本。她的〈國語本《海上花》譯後記〉銜接胡適〈《海上花列傳》序〉，成為這部小說研究的重要文獻。

許多人同意：胡適在很多中華文化的研究領域開創新局。張愛玲在英譯和國譯《海上花》，以及《海上花》的詮釋領域，也有開創新局的功勞。如果我們認可張愛玲的貢獻，就難以忽視宋淇的汗馬功勞。張愛玲失業之後，住處附近沒有大學圖書館可用，自己連一本像樣的中文字典都沒有。一九七九年十二月八日張愛玲請宋淇代購一部《辭源》[42]，此事後來還提了幾次，終究沒買。宋淇多方各面幫助張愛玲英譯和國譯《海上花》：代為查考中文（許多是吳語）字詞的意義和典故；從中斡旋，使張愛玲接受閔福德修訂的頭兩回英譯《海上花》，終於

40 見註9，頁一一三，一一二。
41 見註28，頁一一六。
42 見註11，頁四二三。

在「譯叢」發表；討論出版英譯本的各種可能；協調皇冠出版社出版國譯本等等。

其四，張愛玲〈國語本《海上花》譯後記〉說舊制婚姻持續延長至「民初」，直到北伐戰爭結束為止。

> 直到民初也還是這樣。北伐後，婚姻自主、廢妾、離婚才有法律上的保障。戀愛婚姻流行了，寫妓院的小說忽然過了時，一掃而空，該不是偶然的巧合。[43]

張愛玲這篇文章引用胡適〈《海上花列傳》序〉，終生思舊恩，肯定心裡想到胡適。那個舊制婚姻的投射範圍覆蓋著胡適婚事以及〈《海上花列傳》序〉的撰寫。胡適十三歲（一九〇四）奉命訂婚，二十六歲（一九一七）奉命返鄉結婚。迎娶前求見，但未能見到，素未謀面的新娘（江冬秀）。一九二六年六月，胡適完成〈《海上花列傳》序〉，在北伐戰爭開始（一九二六年七月）之前。所以胡適完婚以及寫就〈《海上花列傳》序〉都在張愛玲界定的舊制婚姻期間（北伐戰爭結束之前）之內。

張愛玲知道應該避免以偏概全的陷井。舉個例子。〈國語本《海上花》譯後記〉解釋《海

---

43 見註29，頁七一一。

上花》男僕姓氏的「混合制」——無姓氏或沿用自家姓氏——比較幾部舊小說，顧及歷史背景、時代變遷、種族歧視、地區差異等等因素。句句是理，面面俱到。然而在男子自由戀愛受限制的議題上，張愛玲在廣闊的論述範圍裡不留餘地，論斷表述予人整體命題的印象。問題在於：根據邏輯推演規律，只要在那個範圍內舉出一個反例，就可以推翻整體命題。

胡適就是那個反例。胡適在國內國外都曾有婚外情，並未因為順從舊式婚制而完全喪失自由戀愛的機會。胡適在美國求學時期曾邂逅韋蓮司，開始長達五十年的中美戀情。[44]胡適撰寫〈《海上花列傳》序〉之前，一九二三年與曹誠英同遊杭州。[45]我們確信：胡適肯定《海上花》的理由，不必僅限於張愛玲所言，在故事裡滿足自由戀愛的想像。胡適享有自由戀愛的親身經歷，無需依靠想像來滿足戀愛的渴望或匱乏。

張愛玲解讀《海上花》，固然有其可資參考的新意，但有些意見在應用上有其時限。論斷社會風俗的改變，值得參考胡適的意見。胡適認為以外在因素來認定某些歷史社會風俗的起點或終點是不妥當的：「凡治史學，一切太整齊的系統，都是形跡可疑的，因為人事從來不會如此容易被裝進一個太整齊的系統裡去。」[46]民國初年，已是婚制推陳出新的過渡年代了。

---

44 周質平，《胡適與韋蓮司：深情五十年》，新北市：聯經出版社，二〇二〇年十二月。

45 陳信元〈胡適日記中的西湖煙霞「神仙生活」〉，台北市：聯合文學月刊，一九九九年九月，頁五十一—五十三。

46 胡適〈致羅爾綱〉，收入《胡適選集——書信》，台北市：文星書店，一九六六年八月，頁九十。

齊邦媛的「黏土腳」

——《巨流河》引起的問答

一

二〇〇九年七月，台北天下遠見出版公司《巨流河》大受歡迎。作者齊邦媛老師多年前出任國立中興大學外文系首位系主任，我正好進應用數學系就讀。我已忘記在校園結識齊老師的詳情。我從未在文學院修課或旁聽，但常去聽文學院系主辦的校外學者作家的演講。或許痖弦應邀演講，在台上見到我坐在台下，趁便告訴主辦人齊老師我是《幼獅文藝》月刊作者之一。我記得在校園偶遇齊老師，她很誇張的稱許我在校外刊物發表的文學評論。我沒有藉此憶述而自我吹噓的資格，此事值得一提，在於記錄齊老師的寬宏大量。齊老師曾給我極大的鼓勵。

二

《巨流河》這段胡適評論引起我的好奇：

胡適先生常到故宮，在招待所住幾晚，遠離世俗塵囂，清淨地做點功課。他去世前一年，有一次院裡為他請了一桌客，大概因為我父親的關係，也請我去，

那天他們談收藏古書的事，胡先生也和我談了些現代文學的話題，我記得他說：「最

近一位女作家寄了一本書給我，請我給一點意見，同時我又接到姜貴的《旋風》，兩本書看完之後覺得這位女士的作品沒辦法跟姜貴比，她寫不出姜貴那種大格局，有史詩氣魄的作品。」（頁三六五—三六六）

我想知道前引那段胡適談話是否意指張愛玲。由於也要藉機祝賀齊老師新書暢銷，就寫了短信，託單德興教授轉呈。

齊老師：

恭喜您。《巨流河》傳世的可能性不亞於姜貴《旋風》。齊老太爺的部分有史識，史見。歷史上真有許多的“what-ifs”。個人情史高貴雅緻，品味極高，為女性自傳少見。林中鳥鳴那段很美。能為幾個情緣找到closure，也是福氣。現代（古代也一樣）婚姻裡深藏於記憶，不便告人的個人往事當然很多。人死，那些記憶也滅盡，王禎和《兩地相思》就在說那種憾恨。您都寫了下來，真好。您在台的事業與經歷會是後人寫文化史、文明史的重要參考資料。我向來不重視華人作家遊美文學，也許覺得那些經歷太不新奇。然而您的求學紀錄還真可讀。我很了解那種在妻職母職之外偷得個人讀書空閒的珍惜與內疚。書裡提到與大外文系首屆畢業生，我還記得台中成功嶺暑期軍訓同班的王永明。我也是一九七二年畢業生。沒有忘記您在外文系企圖有所做為，去舊更新的英姿。

頁三六六提到的女作家是否張愛玲？也許沒有必要提此一問。其實是張也沒關係。我曾撰文指出胡適對《秧歌》的理解有其限制。我非常尊重胡適。尊重也可不同意。文學意見本來如此。《旋風》政治立場偏頗。姜貴與丁玲一樣，都因應了個別的政治環境，無需歸咎。但我們可以評估文學。現在我們知道中共內部曾有勇敢卓越但是受到鎮壓的土改異見，那些質疑與清醒是中華民族的希望。在文學裡抗議暴政而兼顧那丁點的良知，才是上品。我願意相信中華民族是個有良知的民族。

我深以曾在您生命巨流河邊沾上一點點邊為榮。請多保重。再寫。

學生　高全之敬上

二〇一〇年九月

齊老師沒有忘記這個失聯多年的文學院外的學生。二〇一三年八月九日，八十九歲的齊老師親筆回信，解釋為我去武漢大學校友會搜尋大伯父高翰教授的資料，所以遲覆，並通知我的信已被選入《巨流河》迴響文集之中。那本文集是《洄瀾——相逢巨流河》，台北遠見天下文化，二〇一四年一月。齊老師彷彿回應我信尾那句「再寫」，信尾有句：「手已僵

硬」。（見圖一）

私信和私信裡的提問既已公開，如果得其解答，自當公諸於世。事關胡適的誠信問題。張愛玲散文〈憶胡適之〉公佈一九五五年一月二十五日胡適致張愛玲、推崇《秧歌》的私信。宋淇、鄺文美、張愛玲都重視該信。我們必須知道胡適讚譽是否僅在敷衍張愛玲。

圖一　齊老師回信尾句

三

二〇一七年我得老友、里仁書局吳娟瑜女士幫助，託（齊老師的生活助理）郭太太代稟求見，然後獨自登門拜訪長庚養生村。齊老師主動出示事先準備好的一張小小的黃色貼紙，上面親筆寫著：「張漱菡萬里江山」。書名雖錯，仍然證實《巨流河》所記，就是張漱菡《江山萬里心》（一九五九年，台北明華書局）。齊老師二〇一三年八月九日信沒有回答我關於張愛玲的提問。見面時交代錯誤資訊，聊勝於無。但如果引用，難免口說無憑之憾，而且是個孤證。我繼續在胡適文獻裡查證。結果相當理想。胡頌平記錄了胡適閱讀《江山萬里心》的緣由以及意見。詳見本書所收〈張愛玲的胡適粉絲情結——再談「憶胡適之」〉。

前文提到《巨流河》引述的胡適評論發生於胡適「去世前一年」。胡適過世於一九六二年。所以談話發生於一九六一年。我找到的證據年代是一九六〇和一九六一，正好搭配《巨流河》的憶述。

顯然齊老師宅心仁厚，不願直接或間接用書面方式透露胡適負面評價的對象。結案後，我曾去信向齊老師報告，說明已有文獻可用，無需使用她的資訊。現在公開此事，意在記錄齊老師慎言的事例。

四

齊老師隨信寄贈幾張大伯父的相片。之後又找到幾張。於是接見面交。都是武漢大學在台校友會的相片。我認為齊老師授權我公開使用，所以在這裡選擇了兩張。大伯父曾任武漢大學文學院院長，大概在台灣武大師長裡面位階高，在相片裡總是首排居中，容易辨認。齊老師會見吳魯芹想必是個愉快經驗。照片背面應是齊老師親筆文字：「一九八二年八月十三日歡迎吳魯芹學長與高翰師合影」，「後排右一劉守宜，右二齊邦媛，右三殷正慈，後排左一吳魯芹，前排右一徐敘賢？」。（見圖二和圖三）好幾張是團體合照。齊老師看出我在相片裡找她，就說：「我是穿紅色衣裳的那個。我愛紅色。」果不其然，相片裡只有一位紅衣女士。就是齊老師。在這張團體合照中，齊老師在前排右四，大伯父高翰教授在前排右六。照片背後的文字是：「全之賢棣存，武大校友宴賀高翰老師八十壽辰，

台糖八樓，一九八二年一月十七日」。（見圖四和圖五）

新聞媒體有幾篇報導提到齊老師心繫大陸故鄉，尤其齊老師的（武漢大學校址附近）三江匯流記憶。我看到主人生命的另一面向。

齊老師常在養生村院區撿拾大片的紅色落葉，帶回屋裡夾在書中壓平，看它慢慢褪色。她說：「歷時很長，但終究會枯碎。」她安詳的送它們生命的最後一程。我們談張愛玲。齊老師直言她不喜歡張愛玲那些兒女私情的小說。我就問：「那麼您覺得《秧歌》如何？」齊老師略為

圖二　武大校友歡迎吳魯芹與高翰老師合影

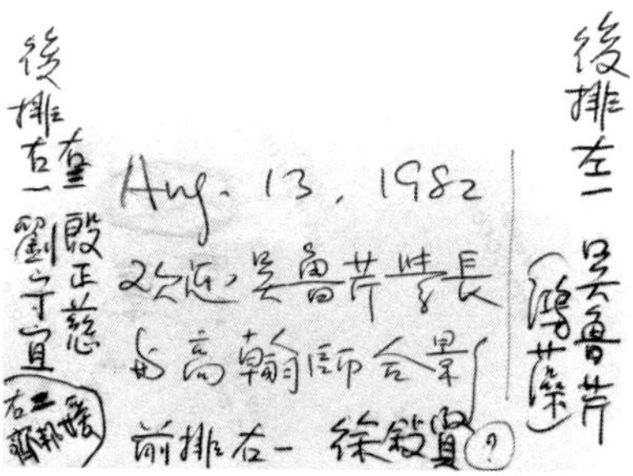

圖三　齊老師於圖二照片背面的親筆文字

圖四　武大校友宴賀高翰老師八十壽辰

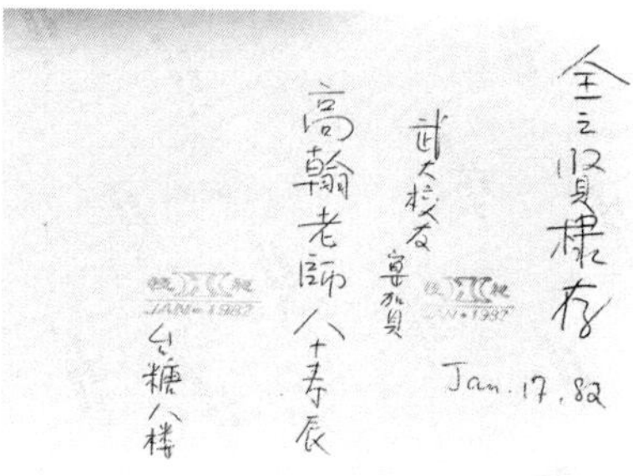

圖五　齊老師於圖四照片背面的親筆文字

停頓，語氣果斷說：「《秧歌》是好的。」

張愛玲散文〈憶胡適之〉想到偶像身份的先決條件：「而我向來相信凡是偶像都有『黏土腳』，否則就站不住，不可信。」這裡「黏土腳」一語雙關。其一，英文詞源（feet of clay）指偶像的罕為人知的瑕疵。「荊岫之玉，必含（舍）纖瑕，驪龍之珠，亦有微纇。」[1]其二，中文字面含義指個人和居地、兩造之間的關係。一方面，「腳」的立足，可以解釋為個人對地方的承諾，安身立命於斯的決定。另一方面，那片土地對腳得有黏著性，必須相得益彰，包括地方人士對當事人言行和貢獻的尊崇。

〈憶胡適之〉沒說胡適是位完人，但也無意點名胡適的缺點。「論大功者不錄小過，舉大美者不疵細瑕」。[2]或許更重要的是，就在張愛玲撰寫〈憶胡適之〉之前，剛剛發生了人生巨大變化：（第二任）丈夫賴雅過世。司馬新說賴雅死於一九六七年十月八日[3]。這個日期有不同提法。同年十一月一日張愛玲致宋淇信報告：「Ferd〔賴雅〕二十四日突然去世」。意指同年十月二十四日。注意同信有句：「憶胡適的文章我一直認為應當在《秧歌》

---

1 （明）徐元太《喻林卷》四十七。https://zh.wikisource.org/zh-hant/喻林_(四庫全書本)/卷047

2 見註1。

3 司馬新，《張愛玲與賴雅》，台北：大地出版社，一九九六年五月，頁一七一。

出書前寫，也還是想寫」。[4]可見賴雅過世之後，張愛玲才正式動筆寫〈憶胡適之〉。張愛玲在兩個月內完成那篇散文。次年一月七日張愛玲致鄺文美、宋淇信，附信寄出〈憶胡適之〉。信上說文章名稱為〈憶胡適〉，應該就是同一篇文章。[5]我們可以合理假設：最早的喪偶情緒衝擊，無論輕重簡繁，都藉由這篇散文的書寫而得若干舒解。

就台灣而言，張愛玲缺乏胡適那種動見觀瞻的重要性，沒有因為悼念胡適而產生蕭規曹隨、返台營生的規劃。然而剛剛擺脫照顧丈夫的重擔，孑然一身，在異域撰文悼念返台備受愛戴的胡適，難免涉及個人終老居地影響一生聲望的思維。我用第二義來體會這個中文語境裡的概念：張愛玲認為胡適在台灣找到了偶像所需的腳底的黏腳土。

近代史上，很少華人像胡適那樣令人想到偶像話題。齊老師也不例外。養生村的住戶是否某些定義裡的偶像並不要緊。重要的是他們來自四方八面，都選擇了共同的終老場所。大陸媒體稱長庚養生村為養老院。養生、養老，住民歸根落葉，決意在那裡走完人生最後一程。那是和腳下這片土地的一項約定。這些第一代、第二代、第三代、或第N代台灣人，無視於少數先來者排斥後來者的無知無理，在台灣活的穩穩當當。

---

4 張愛玲、宋淇、宋鄺文美《張愛玲往來書信集》第一冊，台北皇冠文化出版有限公司，二〇二〇年九月，上冊，頁一五七。

5 見註4，頁一五八。

張愛玲的「黏土腳」概念可用來理解作家和居地的關係。齊老師請我在養生村吃飯。餐廳服務員都認得齊老師，想必常見面，卻仍非常親切。然後齊老師陪我在路邊等公車。公車移動，車窗外，在那塊黏腳土上，巍巍屹立一位以自傳《巨流河》橫空出世的作家。

聞歌起舞

——張愛玲《秧歌》裡的歌舞

胡適同意張愛玲的提議：《秧歌》小說「做到『平淡而近自然』的境界」。那是個什麼境界？字面解釋或是：曲筆淡墨，避免（如憤怒、焦躁、狂喜等等）激情。然而深淺濃淡是個相對的觀念，必須在（至少）兩物之間做過比較，才能有所論斷。文學作品也不例外。胡適和張愛玲講「平淡而近自然」，心裡必然有其他（未指名的）文學作品做為評論的背景。

胡適在這議題上的另外一個意見值得留意：「『平淡而近自然的境界』是很難得一般讀者的賞識的。」[1]這個提法至少有兩個涵義。其一，小說情緒或激昂或冷靜，是否可以做為衡量優劣的準繩，可以見仁見智。其二，所謂平淡而近自然，有時難以辨認。如無辨認，根本談不上賞識。

我們如何辨認《秧歌》「平淡而近自然」的境界呢？本文建議平行閱讀兩種「秧歌」記述，《秧歌》和敦煌藝術學者常書鴻的實際經驗回憶，以便體會《秧歌》文字的曲筆淡墨。

《秧歌》攙帶著幾個淺顯易懂的、和「秧歌」相關的歷史知識。其一，「秧歌」指鄉間群眾舞蹈：作者多加一個字，「秧歌『舞』」、「『扭』秧歌」，來闡明那個意思。第八和第十七章先後兩場秧歌都是群眾列隊，按照音樂節奏律動行進。其二，作者刻意說明秧歌

---

1 張愛玲〈憶胡適之〉，收入《張看》，台北市：皇冠文學出版有限公司，一九七六年五月，頁一四二。

在中國北方有千年歷史：女主角月香被拖進舞者行列之中，有句「她〔月香〕從來沒有跳過舞，她的祖先也有一千多年沒有跳過舞了，在南中國。」作者順便交代月香是個南方人。其三，在大陸易幟那年，秧歌變得時髦，竟也出現在上海街頭：「她〔月香〕覺得這種動作非常滑稽可笑。其實她在上海的時候，也曾經看見過女學生和女工在馬路上扭秧歌，當時也認為這是一件時髦事情。」

常書鴻見證並且參與一九四九年國慶日敦煌縣城的秧歌活動。他的憶述有社會寫實價值。常書鴻有些頌揚新中國的套話，可以理解。我們跳過那些恭維的文字，注意敦煌壁畫上的曼妙舞姿和街景的聯結想像，音樂和舞步交融，相當生動。

> 入夜後，敦煌鐘樓上按照舊時敦煌古郡在農曆正月十五日張掛彩畫壁燈的傳統風俗，懸掛了一幅高三丈寬二丈的絹繪彩色經變畫像，絹畫後壁架上點燃了近百盞油燈，透過燈光使整個彩畫在夜空中閃閃發光，真是金碧輝煌、普天同慶。彩畫前有歡騰的人們在盡情地歌唱著「解放區的天，是晴朗的天，解放區的人民好喜歡……」一邊唱一邊扭秧歌。我彷彿覺得自己置身在敦煌壁畫中「西方淨土極樂世界」的幻想天地中。我正沉醉在這美好的場景時，冷不防，一個快樂活潑的小戰士，一把將我拖進了軍民聯歡的秧歌隊，笑嘻嘻地說：「常所長，你不認識我吧？我就是那天騎兵師派到千佛

洞接你的，那天你還帶我看了千佛洞壁畫上那些跳舞的伎樂，那跳得真來勁，那是古代舞。我們現在解放了，我們跳的是腰鼓秧歌舞。你也來參加吧！」我說：「謝謝你。實在對不起，我不會跳舞。」小戰士熱情地說：「沒關係，我們大家都不會，來，跳一跳秧歌吧！」說話間不由分說就把我拉進了人流中，隨著腰鼓和銅鑔的咚咚咚、嚓嚓嚓的聲音，這樣前進半步，後退二步，再進三步，隨著一進一退雙手順勢擺動，身體也隨著音樂的節奏扭動。在小戰士的幫助帶動下，我模仿著別人的動作，來來往往地轉動身子，這是我生平第一次跳秧歌舞，也是生平第一次與解放軍、農民一起聯歡。受到熱情洋溢的青年們純樸情感的陶融，我彷彿也變得像年輕的小夥子那樣，邊唱邊跳，不知疲倦地到了午夜。[2]

回頭來讀張愛玲的《秧歌》。值得注意三點。其一，相對於常書鴻的記錄，《秧歌》的舞步筆觸顯得粗糙。常書鴻的舞隊至少在步數上，前進三步半多於後退二步，肯定淨收益和總體向前推進：「這樣前進半步，後退二步，再進三步」。《秧歌》第一場秧歌，隊伍似乎在原地踏步：「他們開始跳舞，一進一退，搖晃著手臂。」當然，進退的步幅大小決定隊伍

[2] 常書鴻《守護敦煌五十年》，台北市：秀威資訊科技股份有限公司，二〇一三年四月，頁一一三—一一四。

前進或後退，但只說一進一退，在數字上相互抵消，可以暗示行進緩慢或遲滯不前。第二場秧歌，隊伍奉命去向軍屬拜年，由一個村「緩緩地前進」到隣村。村鎮之間有「彎彎曲曲的田徑」。隊伍在田野不必跳舞行進。然而作者諱言隊伍穿越村鎮時的秧歌舞步。

其二，張愛玲和常書鴻的秧歌都是地方幹部發動並組織的活動。《秧歌》第一場秧歌，舞者有頭巾和素顏兩種。先說那些帶頭的：「年輕人頭上砸紮著黃巾，把眉毛眼睛高高地吊起來，使他們忽然變了臉，成為兇惡可怕的陌生人。」然後有素顏旁觀者，包括月香在內，加入舞隊。第二場秧歌是化妝的和素顏的滲雜。先是：「不分男女都是臉上濃濃抹著一臉胭脂。在那寒冷的灰色的晨光裡，那紅艷的面頰紅的刺眼。」然後四周站著的老頭子老太婆，包括譚老大和譚大娘在內，進入秧歌隊，成為素顏的舞者。

張愛玲和常書鴻都注重視覺效果。常書鴻敦煌壁畫「西方淨土極樂世界」在張愛玲筆下，變成眉眼高吊的陌生人或者濃抹胭脂的男女，慶典的歡樂就難免荒謬或虛假的聯想。

其三，《秧歌》的秧歌隊伍打鼓，卻發不出聲來。常書鴻提到「腰鼓」以及鼓聲「咚咚咚」：「隨著腰鼓和銅鑔的咚咚咚、嚓嚓嚓的聲音」。《秧歌》第八章僅提大鑼小鑼，沒有鼓，所以只有鑼聲。可以理解。

> 大鑼小鑼一遞一聲敲著。

「嗆嗆嘍嗆嘍！
嗆嗆嘍嗆嘍！」

但第十七章那場秧歌肯定有鼓：「敲鑼打鼓，扭秧歌的開始扭了起來。」打鼓，偏偏沒有鼓聲的記述。

大鑼小鑼繼續大聲敲著。
「嗆嗆嘍嗆嘍！
嗆嗆嘍嗆嘍！」

鼓聲消音，仍有鑼聲，居然聽到譚老大和譚大娘扭秧歌時候，「骨節格格地響著。」相當怪異。

《秧歌》的秧歌描述，舞步、化妝、聲音，源於同一個文學理由：質疑土改運動的暴烈手段。作者要沖淡秧歌的歡天喜地氣氛，要寫心不甘情不願、荒謬、以及殘缺不全。故事以下列一段文字結束：

> 但是在那龐大的天空下，那鑼聲就像是用布蒙著似的，聲音發不出來，聽上去異常微弱。

鑼聲微弱。鼓聲缺席。我們現在總結張愛玲少寫或多寫了什麼。常書鴻《守護敦煌五十年》屬於報導文學。報導文學講求真實。常書鴻記錄歡天喜地、舉國同慶的現象。張愛玲《秧歌》是部小說。小說創作大可偏離現實世界事件的細節，透過誇張或忽略或其他方法來傳達更深層的意含。兩書相比，我們可以很容易看到後者歌舞筆墨淡化歡慶氣氛，而且趨近怪異。我們可以詮釋那些文字性質——拒寫全心全意的歡慶——配合作者對土改暴力的質疑。老百姓反對非人道的（任何）政策執行方式，當然是一種可予理解的「自然」反應。所以《秧歌》「平淡而近自然」的「自然」並非視若無睹暴政，或認為暴政於已無關。

識別文類的差異，有助於我們體會《秧歌》的文學藝術。

偽書真情

——胡適的「第八十一難」

一

本文是〈胡適的「第八十一難」〉的增訂版。舊版藉由《西遊記》來詮釋胡適短篇小說〈西遊記的第八十一難〉裡的夾詩，刊於二〇二四年十二月台北「文訊」月刊。該文刊出之後，我才看到《胡適文集》[1]以及《胡適論學近著》[2]的相關資料，可以比較短篇小說的兩個版本，並且用短篇小說內文來詮釋夾詩。因此需要修訂並且擴充舊見。

胡適〈西遊記的第八十一難〉改寫《西遊記》第九十九回，回目「觀音點簿添一難，唐僧割肉度群魔」，原刊於一九三四年七月《學文月刊》第一卷第三期。文題邊上附註文字（以下簡稱為「題記」），戲稱自己改寫的第八十一難故事為「偽書」。為了討論的簡便，本文就以「偽書」指稱胡適改寫的第八十一難故事。絕無貶意。

《胡適文集》和《胡適論學近著》所收〈西遊記的第八十一難〉都標示相同的完稿日期（一九三四年七月一日）。胡適自己沒說曾經修訂〈西遊記的第八十一難〉。〈《胡適論學近著》自序〉僅只建議讀者留意該文：「〈西遊記的第八十一難〉是一篇遊戲之作，收到第三卷裡作個附錄。」

1 歐陽哲生編，《胡適文集》第五冊，北京：北京大學出版社，一九九八年十一月，頁三三八—三四七。

2 《胡適論學近著》第一集，上海：商務印書館，民國二十四年十二月初版，頁四二五—四三六。

然而如本文稍後所示，《胡適文集》和《胡適論學近著》所收〈西遊記的第八十一難〉確有差異，是同一故事的兩個版本。儘管《胡適文集》出版日期晚於《胡適論學近著》（一九三五年十二月），但我認為：《胡適文集》所收是最早或最接近《學文月刊》的版本，實際上早於《胡適論學近著》所收版本。我將稱《胡適文集》所收為舊版，《胡適論學近著》所收為新版。

本文將討論胡適「第八十一難」循序漸進的四個表述：閒聊（一九二四）、私信（一九三〇）、偽書舊版（一九三四）、偽書新版（一九三五）。我們將回答偽書是否優勝於吳承恩原著的問題，探討胡適撰寫偽書的動機，並試提偽書超越時空的意義。

二

先談最早的兩個表述：閒聊和私信。

胡適最早在私談裡提及重寫「第八十一難」的念領。證據是「題記」憶述十年前曾對魯迅提起重寫《西遊記》第八十一難的想法。「題記」尾端註明：「二十三，七，一」。當是一九三四年七月一日。所以「十年前」指一九二四年。

> 十年前我曾對魯迅先生說起《西遊記》的第八十一難（九十九回）未免太寒愴了，應

該大大的改作，才襯得住一部大書。我雖有此心，終無此閒暇，所以十年過去了，這件改作《西遊記》的事終未實現。前幾天，偶然高興，寫了這一篇，把《西遊記》的第八十一難，完全改作過了。自第九十九回「菩薩將難簿目過了一遍」起，到第一百回「卻說八大金剛使第二陣香風，把他四眾，不一日送回東土」為止，中間足足改換了六千多字。因為《學文月刊》的朋友們要稿子，就請他們把這篇「偽書」發表了。現在收在這裡，請愛讀《西遊記》的人批評指教。

二十三，七，一　胡適　記

「題記」並非胡適首度憶述那個私談。大約在「題記」的四年前，胡適就已在給楊杏佛的信裡講到過。一九三〇年四月三十日胡適回楊杏佛（一八九三—一九三三）前一天的來信。原先楊杏佛看見「民國日報」登載自己演說的報導，錯誤百出，而且報導裡的言論指摘胡適，於是特地來信解釋並致歉。胡適立馬回函。此信應是第一時間反應，重提「五、六年前」和「周豫才（魯迅）先生兄弟」閒聊的事。在這個憶述裡，「五、六年前」直指一九二四，閒聊的對象從一人（魯迅）變成兩人（周豫才先生「兄弟」）。大概當時周氏兄弟都在場，但此話的對象側重於魯迅一人。重要的是：此信坦承自己人生經驗明確激發了《西遊記》第八十一難的改寫。

記得五、六年前曾與周豫才先生兄弟閒談，我說，《西遊記》的「八十一難」，最不能令人滿意，應該這樣改作：唐僧取了經回到通天河邊，夢見黃風大王等等妖魔向他索命，唐僧醒來，叫三個徒弟駕雲把經卷送回唐土去訖，他自己卻念動真言，把當日想吃唐僧一塊肉延壽三千年的一切冤魂都招請來，他自己動手，把身上的肉割下來布施給他們吃，一切冤魂吃了唐僧的肉、都得超生極樂世界，唐僧的肉布施完了，他也成了正果。如此結束，最合佛教精神。

我受了十餘年的罵，從來不怨恨罵我的人。有時他們罵的不中肯，我反替他們著急。有時他們罵的太過火了，反損罵者自己的人格，我更替他們不安。如果罵我而使罵者有益，便是我間接予他有恩了，我自然很情願挨罵。如果有人說，吃胡適一塊肉可以延壽一年半年，我也一定情願自己割下來送給他，並且祝福他。

此是說明我對此等事的態度。至於朋友的指摘，更是我所歡迎。報紙記載講演，非有訓練，每多謬誤；我也常是此中的一個犧牲者，故決不會因此介意於你。[3]

---

[3] 《胡適來往書信選》中冊，香港：中華書局香港分局，一九八三年十一月，頁十一—十二。

我曾指出前引私信的錯誤：在《西遊記》故事情境中，黃風大王（黃毛貂鼠妖怪）並無吃食唐僧的念頭；黃風大王被靈吉菩薩制服，帶去靈山見如來，沒被悟空當場打死，沒有亡魂可言。[4]胡適作偽書之時，想必發現了那個錯誤，不再提及黃風大王亡魂。偽書耐心列出取經途中殺死的妖魔鬼怪名稱，最後宣布：「聖僧，這一案裡的人鬼妖魂全在這裡了。地藏王菩薩的名籍上記著，這一案共有五萬九千零四十九名。這都是當年要謀害聖僧的性命，要吃聖僧的肉想延壽長生的。」那份名單洋洋灑灑，沒有黃風大王。

一九三〇年的私信直指偽書的核心意義：胡適心甘情願實踐「菩薩行」，成全所有批評自己的人。偽書有兩個（我們稍後會討論的）「菩薩行」故事。第一個是白兔捨身救人的佛教神話故事。第二個故事是唐僧犧牲自己的生命來幫助別人脫離苦難。在偽書中，唐僧因此而通過第八十一難的挑戰。

「題記」屬於公諸於世的文章，或許刻意語焉不詳，隱瞞胡適自己人生經驗和偽書的關聯，避免自我托大的印象。胡適從未在私信之外公開表達：偽書的殉道精神代表自己的感受。

---

[4] 高全之〈俊男美女——《西遊記》小說的兩隻老鼠〉，收入《重探西遊記》，新台北市：聯經出版社，二〇一八年十一月，頁二三三—二四〇。

三

現在我們比較偽書新舊兩版。

偽書新舊兩版最顯眼的差別在於夾詩。新版夾詩總共十二個詩句，等分為三個句群出現，每群四個詩句。這個工整的結構為舊版所無。

比較新舊兩版夾詩：舊版缺兩句；四句有異文；六句全同。對比清單如下：

夾詩在結構和情緒緩解的完整性上，新版優勝舊版。胡適過世後，一九六六年六月台北文星書店《胡適選集——詩詞》摘錄〈西遊記的第八十一難〉夾詩，一字不差，命名為〈「西遊記的第八十一難」詩三首〉，當作獨立詩組欣賞。該書標示出處如下：完稿於「民國二十三年（一九三四）七月一日」（頁一二七）；選自「『胡適論學近著』第一集卷三（二十

	舊版	新版
	（缺句）	九九歸真道行難
	（缺句）	一簣功虧不結丹
相同	騰雲指日回唐土	騰雲指日回唐土
異文	何圖忽又落人間	何圖驀地下雲端
相同	玉兔高風永不磨	玉兔高風永不磨
異文	莊嚴塔影照恆河	莊嚴塔影照長河
相同	殷勤上國求經客	殷勤上國求經客
相同	來掃千年窣堵波	來掃千年窣堵波
相同	吃得唐僧一塊肉	吃得唐僧一塊肉
相同	五萬九千齊上天	五萬九千齊上天
異文	此身如夢如泡沫	如夢如電如泡影
異文	刀割香塗總一般	一切皆作如是觀

四年十二月上海商務印書館出版）」（頁一二八）。

值得注意三點。其一，一九三五年十二月《胡適論學近著》沒有抽出夾詩、成立獨立詩組的動作。其二，《胡適選集——詩詞》出版在胡適過世之後，抽出夾詩、成立獨立詩組，或非胡適原意。其三，在《西遊記》以及偽書新版文字脈絡裡理解夾詩，仍然是個捷徑。

我們將用夾詩詩組來作為閱讀偽書的導覽。首先注意它們露臉的位置：在唐僧實踐菩薩行的夢境之外，沒有搗擾那個奇幻神秘的修行過程。第一首夾詩標註偽書和《西遊記》小說分道揚鑣的叉口。第二首夾詩發生於唐僧向徒弟們講解如來化身兔子、捨生救人的佛教經典之後。當時取經團隊正在千年古塔（三獸窣堵波）之下。隨即唐僧入夢，自動自發割肉餵食（五萬九千零四十九個）餓鬼，圓成九九之數。然後唐僧夢醒，作者藉由八大金剛的道賀來告訴讀者：第八十一難至此大功告成。此刻第三首夾詩才出現，作為偽書的結局。

四

第一首夾詩確定第八十一難的重要性，並表達作者改寫的念頭。

九九歸真道行難，一簣功虧不結丹。
騰雲指日回唐土，何圖驀地下雲端！

第一句「九九歸真道行難」出自《西遊記》第九十九回。藉由這個借貸，胡適標示自己思維切入故事情節的接觸點。八大金剛正在駕雲護送取經團隊回歸東土，突然得到揭諦急追傳達的觀音菩薩密令，立即把取經團隊（師徒四眾、白龍馬、佛經）一起墜落在通天河西岸。在著陸動作之後，吳承恩加入一首夾詩。夾詩首句即全書僅出現一次的「九九歸真道行難」。從這裡開始，胡適建議以自己的鋪陳來取代吳承恩的第八十一難。稍後我們解釋本詩第二句，將會指出：「九九歸真」其實出自觀音菩薩的發言。

第二句「一簣功虧不結丹」強調此難重要。觀音菩薩過目取經團隊的災難清單，發現只得八十難，仍需一難才能滿足九九之數，說道：「佛門中『九九』歸真。聖僧受過八十難，還少一難，不得完成此數。」胡適承襲吳承恩使用道家丹道詞彙的習慣，用了「結丹」一詞，意味「大功告成」。如果不予補足第八十一難，會導致功虧一簣。眾神（五方揭諦、四值功曹、六丁六甲、護教伽藍）暗中保護取經團隊，以呈交災難總目的揭諦為首。觀音菩薩命令揭諦通知八大金剛，立即安排第八十一難的發生。

第三句「騰雲指日回唐土」指八大金剛原本奉如來佛祖之命，在八日內護送聖僧及佛教真經到東土，然後西回。四徒（悟空、八戒、沙僧、白龍馬）騰雲神功高下互見，航速各異。由金剛統管，解決了幾個問題：四徒同雲同速、幫助不會飛行的三藏乘雲、因應地面（陳家庄和長安城）的折騰，去回正好八日，多一天或少一天都不行。

觀音菩薩提出「八日」的概念：三藏取經已用了十四年裡的五千零四十日，再加八天，天數就合五千零四十八的「藏數」。八戒的鈀和沙僧的杖，重量各是五千零四十八斤。三藏取經共計五千零四十八卷。都是藏數，《西遊記》的神秘數字。

第四句「何圖驀地下雲端」的「何圖」作「為了什麼」解。胡適難以苟同第八十一難的相關細節：佛經掉在通天河裡，要搶救上岸，放在太陽下曬乾，而且產生一頁佛經破損等等。

五

第二首夾詩透露白兔捨身救人的佛教神話故事。

> 玉兔高風永不磨，莊嚴塔影照長河。
> 般勤上國求經客，來掃千年窣堵波。

稍後我們將討論第一句「玉兔高風永不磨」的「玉兔」，主要來自「三獸窣堵波」的神話故事。但它也和《西遊記》幾種「玉兔」定義之一相通：民間傳說裡在月亮上搗製仙藥的玉兔。第八十一回玉兔精變作美女出場，月色昏暗，強風狂起，就用那個民間傳說：「黑霧遮天暗，愁雲照地昏。四方如潑墨，一派靛妝渾。先刮時揚塵播土，次後來倒樹摧林。揚塵播土星光現，倒樹摧林月色昏。只刮得：嫦娥緊抱梭羅樹，玉兔團團找藥盆。」那個團團找藥盆的，和三獸窣堵波傳說中的，是同一隻兔子。

第二句「莊嚴塔影照長河」對應於《西遊記》詩句「天街寂靜斷人行」，同樣寧靜。偽書此詩之前明確指定地理位置。舊版是「此處是婆羅涅斯國，前面的大河是恒河。順河流東行，約三百餘里，便是戰士國境。」，新版改「恒河」為「殑伽河」。「殑伽河」是歷史玄奘中譯的恆河河名。《大唐西域記》：「殑伽河：梵文Ganga，即今恆河」。[5]戰士國，疑為「戰主國」，隣近波羅涅斯國。《大唐西域記》：「戰主國周二千餘里。都城臨殑伽河，周十餘里。」[6]婆羅涅斯國，殑伽河，都是古譯。新版夾詩跟隨正文的腳步，不再用今譯「恆河」，改為「長河」。長河並非專指名稱，不會妨礙古譯醞釀的古風。

「塔影」指涉第四句「來掃千年窣堵波」，因為「窣堵波」意指佛塔。此非普通佛塔，這是偽書故事奠基、佛教神話故事發生的場所：三獸窣堵波。唐僧向三徒講了「三獸窣堵波」的故事。新舊兩版文字略異。以下引文出自新版：

唐僧喝住八戒，說道：「劫初之時，我佛如來投生為一隻白兔，他本性不昧，在樹林

---

5 玄奘辯機原著，季羨林等校注，《大唐西域記校注》，台北市：新文豐出版公司，一九八七年六月，頁三九二。

6 見註5，頁五八一。

中修『菩薩行』。他有兩個同伴，一狐一猿，受了他的感化，也同在樹林中修行。一日，天帝釋要試驗他們的修行工夫，下凡變化作一個老人，到樹林中來。三獸見那老人形容憔悴，行步艱難，都來問他有何病痛。老人說，『我要餓死了；來問你們討點東西吃。』三獸請他坐在樹下，他們都出去尋找食物款客。狐狸先回來，嘴銜著一條鮮鯉魚。猿猴也回來了，摘得一堆鮮果。只有白兔空手回來，心懷慚愧。老人說：『狐哥猴哥都尋了東西回來，難道兔哥不肯布施一點麼？』白兔聞言，對同伴道：『敢煩兩位師兄替我採點乾柴，生起火來，我自有佳肴供客。』狐猿出去，尋了一些枯枝乾葉，堆成了一大堆，生起火來。白兔見火焰正旺，就對老人道：『丈人，我自愧有心無力，不能救丈人的飢餓。敬獻區區身體，供丈人一餐。』說完，就跳入烈焰之中。爾時老人復現天帝釋莊嚴寶相，從火焰中提出兔身，嗟嘆不已。天帝釋道：『兔子捨生救人，是真「菩薩行」。吾當令世間人永永敬禮他的形容。』天帝釋言訖，一隻手攀住須彌山尖，撕下了半個峰頭來做他的畫筆；一隻手捉住月亮，做他的粉本，就在月亮上畫下了玉兔的形狀。至今月中有玉兔，便是這樣起源的。後世天竺國人紀念這個玉兔燒身的故事，在這裡建塔紀念，就是這個三獸窣堵波。」

胡適為三獸塔故事添加腳註：

「三獸窣堵波」的故事見於玄奘的《大唐西域記》卷七。白兔捨身因緣又見於《生經》第三十一，《撰集百緣經》第三十八，《雜寶藏經》卷二，《經律異相》卷四十七。我在這裡又參用了現代印度作家的說法。

《大唐西域記》專節「三獸窣堵波」討論這個佛教神話，認為後世印度人相信這是月中玉兔的起源：「故彼咸言，月中之兔自斯而有。」[7]

我們回頭簡要品味「玉兔高風永不磨」的「玉兔」定義。不可能是《西遊記》的玉兔精。理由是玉兔精屬於「天竺招婚第七十八難」，下界假扮天竺國公主，想和唐僧成親，並無吃唐僧肉的念頭，無從和偽書第三首夾詩那句「吃得唐僧一塊肉」攀上關係。但偽書沒有完全遺忘《西遊記》的玉兔精。三藏講完「三獸窣堵波」故事，八戒不只一次重提玉兔精的舊事：

八戒笑著回頭道：「師父早點下來罷！莫要被月光鉤起了凡心，又要累大師兄上毛穎山找尋玉兔兒去！」

[7] 見註5，頁五七九。

八戒涎著嘴臉，呵呵大笑道：「好個多情的師父！忘不了大天竺國拋繡球招親的假公主！你瞧那河上起來的團圞明月，正照著繡球選中的駙馬爺的僧帽上。只怕太陰星君管束不嚴，玉免知道了我師父掃塔的多情，又要逃出廣寒宮，來尋你耍子去也！」

「玉兔高風永不磨」的「玉兔」與《西遊記》另個「玉兔」定義（「月亮」）並非等同，但不相衝突。這個「月亮」用法追溯《西遊記》第八十一回夾詩：「玉兔高升萬籟寧，天街寂靜斷人行。銀河耿耿星光燦，鼓發譙樓趲換更。」此句的「磨」可作「磨損」解。庶民舉目，月亮恆久如新，月中玉兔的神話起源，都沒有時間巨輪壓榨的痕跡。

六

第三首夾詩為唐僧的「菩薩行」做出結論。

吃得唐僧一塊肉，五萬九千齊上天。
如夢如電如泡影，一切皆作如是觀。

第一句「吃得唐僧一塊肉」在《西遊記》裡有憑有據。平頂山蓮花洞金角大王，銀角大王，火雲洞聖嬰大王紅孩兒都想吃唐僧肉以便延壽長生。第二句「五萬九千」重述在三獸塔平陽大地一起想要分得唐僧肉的妖怪鬼魂總數。在故事情境裡，那個食補延壽的資訊遍傳人間。金角大王告訴銀角大王道：「你不曉得。我當年出天界，嘗聞得人言：唐僧乃金蟬長老臨凡，十世修行的好人，一點元陽未泄，有人吃他肉，延壽長生哩。」這裡「齊上天」指那些吃完唐僧肉的妖怪，如願延壽，提昇仙格。

胡適安排以下兩個和吃唐僧肉相關的情況，以便說明唐僧悟道的徹底和完全。

其一，並非所有聚集在三獸塔平陽大地的妖怪鬼魂生前都曾想吃唐僧肉。許多妖怪只是三藏取經途中的受害者。許多甚至沒有名字。例如，「平頂山蓮花洞的幾百小妖」，「小雷音黃眉大王的五七百個小妖」等等。

其二，唐僧自己完全不信「吃得唐僧一塊肉，可以延壽長生」的傳言。他清楚告訴那些妖怪鬼魂：「貧僧實不敢相信這幾根骨頭，一包血肉，會真個有延年長命的神效」。

即便如此，唐僧仍然願意捨身救人。誠如胡適私信所言，「如此結束，最合佛教精神」，僞書展示完美的佛教領悟：

唐僧在半空中看了那幾萬個哀號的鬼魂，聽了那慘慘淒淒的哭聲，他的恐懼之心已完全化作慈悲不忍之心。他想到今天說過的白兔捨身的故事，想到佛家「無量慈悲」的教訓，想到此身本是四大偶然和合，原無足繫念。他主意已定，便自定心神，在石磴上舉起雙手，要大眾鬼魂安靜下來。

新版修訂第三，四兩句，意圖跳過實際事物，專注於宗教概念。舊版「此身如夢如泡沫，刀割香塗總一般」更改為新版「如夢如電如泡影，一切皆作如是觀」。問題是：偽書是否優勝於吳承恩的原著呢？

七

偽書和原著最大的差別在於唐僧的悟道能力。胡適前後兩次交代唐僧心裡「快活」。第一次在割肉餵鬼的神秘經驗之中，尚且可以歸之於虛幻錯覺。

唐僧把身上割得下的肉都割剔下來了，看看只剩得一個頭顱，一隻右手還不曾開割。說也奇怪，唐僧看見這幾萬餓鬼吃得起勁，嚼得有味，他心裡只覺得快活，毫不覺得痛苦。

第二次是「如從大夢裡醒來」，回到正常神智，「定心」之後。太陽快要出來了，悟空和八戒上塔來尋找師父，「唐僧心裡覺得快活，也不說破，站起來同他們下塔去。」這次「快活」毫無疑問確定唐僧悟道的完成。

吳承恩的三藏從來沒有這種聰慧和經驗。吳承恩不認為這位大和尚的佛教經驗可以達到如此高的境界。小說三藏的慧根有限。在故事情境裡，三藏相貌出眾，易受驚嚇，個性軟弱，易受妖怪蒙騙。我曾追蹤《西遊記》的《心經》定義，指出：最先領會《心經》要義的是悟空，不是三藏。[8]小說三藏受封為菩薩的理由，在於完成取經大業的俗世功勞，絕非佛經領悟、發展、或實踐。如來佛祖論功行賞，賜封三藏佛位，講得清楚：「今喜皈依，秉我迦持，又乘吾教，取去真經，甚有功果，加陞大職正果，汝為旃檀功德佛。」

胡適「題記」說：「《西遊記》的第八十一難（九十九回）未免太寒傖了。」確實寒傖。然而小說三藏「寒傖」並非吳承恩的疏忽，那正是《西遊記》小說的核心意義。吳承恩肯定宗教的存在，但是對宗教的中介（傳教者和佛教經典）持有保留態度。

如無私信可資參考，就難予發現胡適自比唐僧的想法。私信提供了胡適奮筆偽書，畫蛇添足的理由：借他人酒杯，澆胸中塊壘。

我們可以使用唐僧與作者的聯繫來闡釋偽書。如前文所述，偽書許多參與吃唐僧肉的妖

8 高全之〈明知山有虎——《西遊記》的《心經》〉，收入《西遊二論》，台北市：致出版，二〇二三年十二月，頁八十四—八十七。

怪沒名沒姓。這個擴散的、匿名身份的性質，和胡適自比唐僧的概念一致，因為胡適想到的妖怪可以在從前、現在、或未來出現。

胡適自比唐僧，大概和自己出國留學，然後回國引入西方思想有關。這個古今對照有個極其重要，但未曾引起注意的相似性：揀精擇肥，並不照單全收。

《西遊記》故事情境裡有兩種佛經看法。一方面是如來佛祖視佛教經典為「聖經」的嚴肅態度，另一方面是不受現有佛教經文限制的批判性思維。我曾指出：悟空和小說三藏討論《心經》的過程裡，在誦念、理解、執行等等要義之後，在接受瑕疵之前，要擺脫文字束縛才算得到「真解」。我也曾指出：《西遊記》使用歷史玄奘的《心經》譯版，悟空引述《心經》經文，有個句子和歷史玄奘的譯版不同，顯然是吳承恩的精心修訂。[9]這裡「聖經」和「真解」都是《西遊記》小說語言的實際措詞。

胡適一生對西方（尤其是美國）文化，始終持有保留態度。例證族繁不及備載。這裡僅舉四例。

其一，胡適覺得許多美國大學生膚淺。一九一五年二月十四日日記有句：「美國大學學生之大多數皆不讀書，不能文，談吐鄙陋，而思想固隘，其真可與言者，殊寥寥不可多

9 見註8，頁七十一—八十九。

得。」[10]同年六月十五日至七月一日的紀要文章，〈記國際政策討論會〉，重覆那個看法：「吾每謂此邦學子不曉事，其所經意，獨競球之勝負，運動會之輸贏而已耳。」[11]

其二，胡適並不欣賞基督教教會組織在美國社會的某些影響和運作。一九一一年三月十四日日記：「是日聞生物學教員言美國今日尚有某校以某君倡言『天演論』致被辭退者，可謂怪事！」[12]胡適初來美國康乃爾大學農學院念書，修生物課，所以聽到生物課老師的言論。一九一二年十月十二日日記：「座間有一人為Methodist Church〔衛理公會教堂〕經課講員，為余略述講經之法，其言荒謬迷惑，大似我國村嫗說地獄事，可見此邦自有此一流人，真不可解也。」[13]這裡「經」指基督教聖經。一九一五年一月二十二日日記，記錄與美國友人私談：「夜與此君談宗教問題甚久，此君亦不滿意於此邦之宗教團體（Organized Christianity），以為專事虛文，不求真際。今之所謂宗教家，但知赴教堂做禮拜，而於耶穌所傳真理則皆視為具文。」[14]具文的意思是徒有形式而無實際作用的文字。宗教團體指基督教教會組織。關鍵字在於「亦」：那位友人同意胡適對美國宗教團體的看法。

10 《胡適選集——日記》，台北市：文星書店，一九六六年六月，頁一六七。
11 見註10，頁一七五。
12 見註10，頁十二。
13 見註10，頁八十一。
14 見註10，頁一五二。

胡適日記對美國宗教的保留態度是了解胡適書評〈讀程天放先生的《美國論》後記〉的重要背景。[15]那篇書評的主要論點是：「他對美國的同情心究竟遠大過他的批評態度」。但在那個開示之後，並未提議應該批評的對象，只說該書有兩個可以擴充的面向：美國的宗教，美國的司法制度。言下之意，似乎是應該用批判性思維來補寫那兩個議題。所以我們揣摩胡適對美國的保留態度，除了宗教，必須兼顧司法制度。那正是下個項目。

其三，胡適書評從程天放提到的社會治安問題（程天放稱作「嚴重的罪浪」）延伸到有待研析的司法制度。宗教影響和社會治安都是胡適長期觀察美國，認為值得深思的議題。本書〈出乎常理—胡適談美國總統〉曾引述胡適留學日記所載三個「為刺客斃者」美國總統的名字以及逝年。當然那與美國治安有關，總統的身家性命堪憂，何況升斗小民？胡適過世之後，美式民主仍未避免暴力。第四位遇刺身亡的美國總統是甘迺迪（John F. Kennedy, 1963）。

其四，胡適認為美國應該為一九四九年中國大陸易幟負責。胡適由該年美國國務院發表的「中美關係白皮書」想到新約聖經馬太福音第二十七章第二十四節：「彼拉多看見說也無濟於事，反要生亂，就拿水在眾人面前洗手，說，流這義人的血，罪不在我，你們承當

15 胡適〈讀程天放先生的《美國論》後記〉，《胡適文集》第十一冊，頁八二九—八三三，見註1。

吧。」胡適以具有權力釋放耶穌的巡撫彼拉多來比喻美國：

> 因為在雅爾達出賣了中國，因為在緊要關頭的時候停止了對華的有效援助，而且最主要的，因為自己是有大的權力和無人可與抗爭的世界領導地位，所以倒下來的中國流著血的時候，美國可以說「罪不在我」。[16]

胡適向百廢待舉的中國推介西方國家的政治、法律、教育等等思想，但是他並未盲目無視於西方的種種問題。

八

偽書的重要性在於交代對外界惡意攻擊的反彈。我們可以合理解釋那不是針對所有異議的回應。在胡適心目中，並非所有批評他的人都是貪食唐僧肉的妖怪。事實證明胡適很有接受批評的雅量，屢次行文承認錯誤，感謝別人指正。舉個例子。本書所收〈嫩葉和開花—胡適日記古典文學拾遺〉引用一九五六年二月十九日日記，胡適讚許別人批評胡適的水滸傳研

16《胡適選集——序言》，台北市：文星書店，一九六六年六月，頁一一九。

究。那種讚許一點也不做作。

胡適論述肯定會繼續受到檢驗。無論結果是正或負，只要有益於後人思辨，都再度證明胡適仍有參考價值。然而如果檢驗結果流於人身攻擊，就是貪食唐僧肉的妖怪再現。

「第八十一難」偽書的重要性在於胡適的態度。一九三三年十月十七日，胡適致韋蓮司信提到的悲憫情懷和「第八十一難」偽書的意義相通：

> 有些人總是︹與環境︺扞格不入。雖然受的訓練是要他們勇於作夢，然而他們卻缺少一種博大的悲憫胸懷，這點悲憫的胸懷可以讓他們在一個需要他們同情對待的不利環境中覺得自在。[17]

周質平提到大陸學者季羨林和周一良對自己從前的胡適批判表示「懺悔」，相當動人。[18]然而懺悔與否對胡適而言似乎不太重要，因為「如夢如電如泡影，一切皆作如是觀」，胡適已經原諒了那些︵往昔、現在、未來︶飢餓的妖怪。

17 胡適撰，周質平編譯《不思量自難忘——胡適給韋蓮司的信》，台北市：聯經出版公司，一九九九年，頁一九四。

18 周質平〈耿雲志先生與胡適研究〉，台北市：《傳記文學》月刊，二〇二四年九月，頁一三六—一三七。

聆聽古音

——「款款」和「聒噪」

最近看到我舊文討論過的兩個用詞的例子。值得特別記下來，做為那些文章的補充資料。

第一個用詞：「款款」

我曾在〈說款款〉談「款款」的幾種定義。[1]其中之一是「徐緩貌」。指行動速度徐緩，而且兼及視覺印象。也就是說，讀者可以「看見」某個動作緩慢的樣子。

《京本通俗小說》所收〈錯斬崔寧〉有個用詞「款款」，也是徐緩貌的意思。〈錯斬崔寧〉劉官人（劉貴）的小娘子（姓陳，家中呼為「二姐」）：「趁他（劉貴）酒醉，輕輕的收拾了隨身衣服，款款的開了門出去，拽上了門」。[2]先前劉官人在「點燈時分」回家，小娘子二姐「在燈下打瞌睡」。一直到小娘子出門，家裡點著的燈從未熄滅過。所以讀者可以「看見」小娘子輕手輕腳出門。

第二個用詞：「聒噪」

我曾在〈時在念中——胡適的《西遊記》研究〉談「聒噪」的幾種定義。[3]其中之一是

---

1 高全之《私札與私語——三顧張愛玲》，時報文化出版企業股份有限公司，二〇二二年八月。頁二一六—二一七。

2 黎烈文標點符號《京本通俗小說》，台灣：商務印書館，一九六八年九月，頁八十。

3 高全之《西遊二論》，台北市：秀威資訊科技股份有限公司，二〇二三年十二月，頁四八—五十。

「吵鬧不休」。

胡適〈宋人話本八種序〉文後有篇「附錄」：節本〈燈花婆婆〉。這個妖怪故事用了「咶噪」兩字：「後來這婆子（即妖怪、燈花婆婆）纏住了夫人要做個親戚往來，抬著一乘四人轎，前呼後擁，時常來家咶噪，遣又遣他不去，慢又慢他不得。」[4]這裡「咶噪」意思也是「吵鬧不休」。

胡適重寫《西遊記》第八十一難的故事，用了「聒噪」，並且加上註解[5]

> 唐僧言訖，那數萬鬼魂齊齊舉手歡呼，鬼聲啾雜，辨不出他們說的什麼，只聽得一片「聒噪！聒噪！」[6]「多謝布施！」「快吃唐僧肉！」

這兩個例子值得一提的理由在於年份。如〈說款款〉所示，「款款」仍出現於張愛玲中篇小說〈金鎖記〉。如〈時在念中—胡適的《西遊記》研究〉所示，「聒噪」的徽州版本遲

---

4 《胡適古典文學研究論集》下冊，上海：古籍出版社，一九八八年八月，頁七二二。

5 〈西遊記的第八十一難〉，收入《胡適論學近著》第一集，上海：商務印書館，民國二十四年十二月初版，頁四二五—四三六。

6 「聒噪，聒噪」是道謝之詞。《西遊記》第九十四回大天竺國國王贈送金銀時，行者唱喏道：「聒噪！聒噪！」我們徽州績溪土話向人道謝也說：「姑噪，姑噪」，大概「聒噪」與「姑噪」同出於一個語源。

至民初仍在民間使用。胡適〈宋人話本八種序〉認為（包括商務版《京本通俗小說》七篇在內的）八篇宋人話本最早可以上推至一一八九年。〈燈花婆婆〉不屬於《京本通俗小說》之內。但胡適這篇論文說〈燈花婆婆〉和〈錯斬崔寧〉都列名於錢曾《也是園書目》戲曲部的「宋人詞話」之內。[7]可見〈燈花婆婆〉的年份和〈錯斬崔寧〉相去不遠，或許都有八百多年的歷史。

作品好壞固然可以商討，舊價值觀未必適合現代，但我們無需太多註釋就能閱讀這些宋朝的白話小說。我們可以重新體驗古人「我手寫我口」的撰寫，在說書場作或經由個別閱讀，假道虛擬故事，從事娛樂活動。

---

[7] 見註4，頁六九四—七〇〇。

偉大與卑微

——姚一葦《碾玉觀音》

胡適〈宋人話本八種序〉提到《京本通俗小說》的重要性之一，在於證明南宋晚年（十三世紀）的「說話人」已能夠用很成熟的白話來撰寫小說。[1] 一九六八年台灣商務印書館出版黎烈文標點的版本，也用《京本通俗小說》作為書名，收入前引胡適論文涵蓋的八篇裡的七篇。「江東老蟫」的跋文說：「〈金主亮荒淫〉兩卷，過於穢褻，未敢傳摹」。前引胡適論文說沒收入的那篇小說又名〈金虜海陵王荒淫〉。

《京本通俗小說》有兩篇的男主角同名，都叫崔寧：〈碾玉觀音〉、〈錯斬崔寧〉。我們可以確定姚一葦《碾玉觀音》源於前者，與後者無大關係。

《碾玉觀音》是姚一葦（一九二二—一九九七）十四種劇本創作的第三種。這個三幕劇發表於一九六七年，曾由張永祥編劇，改編為電影「玉觀音」（一九六九），並且有鄭美玲的英譯版本（一九八八）。[2]

我用的是一九七〇年作者親筆簽贈的文學季刊抽印本。抽印本附加了兩篇評論：俞大綱〈舞臺傳統的延伸——讀姚一葦的「碾玉觀音」劇本抒感〉（一九六七年一月三十日新生報）和張健〈讀「碾玉觀音」〉（一九六七年二月二十日大華晚報）。抽印本刻意收入原在

---

1 《胡適古典文學研究論集》下冊，上海古籍出版社，一九八八年八月，頁六九四—七一〇。

2 〈姚一葦先生年表〉，〈姚一葦著作年表〉，收入陳映真主編《暗夜中的掌燈者—姚一葦先生的人生與戲劇》，台北書林出版有限公司，一九九八年，頁三七九—三八七。

報紙刊載的評論，顯見作者的重視。[3]兩文都是劇本評論，並非舞台演出之後的意見。我們可以根據劇本來涉足於兩論留下的，可予補充的餘地。

「碾玉觀音」指觀音菩薩的玉石雕像。佛像雕刻家崔寧其實懷疑神明存在，他說：「我們不知道神是否真的存在過」。但崔寧沒有澈底否定宗教。觀音雕像是他賴以維生的產品之一。佛教信徒是他的可能顧客。

關鍵在於：崔寧認為即使神明存在，也沒人確實見過法相。前人的觀音造像欠缺權威性，不必複製。崔寧講得清楚：「我要塑造一個人的觀音，而不是神，我們誰都沒有看過神，……，因此我不願雕成別人雕過的樣子，我要雕一個我所理解的，我曾經觸摸過的東西，一種我所尊敬，所喜歡的東西，一個理想的東西，一個最最美麗的東西，一個生活在我們中間的東西。」所以他要根據自己敬愛的、人的形象來雕塑觀音。

有趣。確有佛像忠實反映神明容貌的神話故事。舉兩個例子。其一，原供奉於北京宏仁寺，在八國聯軍毀寺之後流失的旃檀佛像，傳說中是依照釋迦牟尼本人面貌而雕成。[4]其二，《西遊記》小說提到兩幅觀音繪像，淨瓶楊柳像和魚籃像，皆畫家在公眾場合目睹觀音

---

3 姚一葦《碾玉觀音》，文學季刊出版社，一九六七年。

4 旃檀佛像故事有不同版本。最新的可靠版本是康熙五年，康熙皇帝石碑刻文：〈御製旃檀佛西來歷代傳祀記〉。該文錄於高士奇《金鰲退食筆記》。見https://zh.wikisource.org/wiki/金鼇退食筆記_(四庫全書本)/卷下

法相以後的繪製。兩次顯相都非意外，觀音菩薩自己知道眼見為憑，願意賜予萬民仰載的機會。[5]凡此種種，都是《碾玉觀音》意圖翻轉的神像概念。

姚一葦與吳承恩的觀音想像，除了觀音造型的真實性迥然不同之外，都意謂著錯踪複雜的神人關係。韓郡王告訴女兒秀秀，自己手上捧著的是座觀音像。秀秀當時已經知道自己是那座像的原型人物。面對父親，只能用最不引起苛責的言詞對答：「救苦救難的觀世音」。這個反應有兩個重要的意義。

其一，與觀音菩薩密切相關的兩個基本屬性：「大慈大悲」指愛心範圍，必須超越個人親友，「救苦救難」指實際行動。秀秀只提第二個屬性。稍後我們將指出：第一個屬性將以間接和暗示的方式出現。

其二，姚一葦沒有清楚交代，我們沒有確證去指稱：崔寧和秀秀是無神論者。如前所述，崔寧懷疑佛像反映真實神明法相。雖然他是玉石雕刻師，那個懷疑應該也涉及神明畫像。我們可以理解崔寧家裡沒有供奉神明雕像或畫像。然而崔寧和秀秀從未祈求神助或感謝神佑。什麼是由信徒主動發起，無需面對佛像的祈求與感謝？我們各舉一例說明。《大慈恩寺三藏法師傳》說玄裝西行途中遇到災難曾念觀音菩薩聖號（以及《心經》）。[6]黃春明小

5 高全之〈觀音菩薩——救苦救難的訴求〉，收入《重探西遊記》，二〇一八年，聯經出版社，頁三〇一—三一四。

6 高全之〈從《大慈恩寺三藏法師傳》到《西遊記》小說〉，收入《重探西遊記》，見註5，頁六三—八一。

說〈放生〉父母親（阿尾和金足）擔心兒子（文通）出獄以後沒有回家，就在家裡神明畫像前各持三炷香，口誦神明聖名祈求保佑。阿尾看到而且依次敬拜的神明畫像是觀音菩薩、媽祖、土地公、灶君。神案前沒有釋迦牟尼佛。最後兒子終於回家：「金足含著眼淚，看著他們父子講話，心裡不停的念著『南無阿彌陀佛』。」[7]黃春明非常仔細：此時金足不再是面對神明畫像持香禮拜，她心裡誦謝「南無阿彌陀佛」，而家裡神案前沒有釋迦牟尼佛畫像。但就《碾玉觀音》而言，我們可以說崔寧和秀秀是否信佛並不重要。在中華文化傳統裡，觀音菩薩是個超出個別宗教範圍的象徵，代表大慈大悲，救苦救難的普世價值。我們有時稱那些在社會上做慈善事業的人有「普薩心腸」，或是位「活普薩」，大概都與觀音普薩有關。當我們以這種方式思考的時候，我們自己或那位善心人士都不必是佛教徒。當然是也沒有關係。秀秀在嚴父面前這個自我保護的反應，如明鏡高懸，稍後將照出普世價值與現實情況的不同。

在雕刻家崔寧心中，神明視覺形象應該奠基於凡人。所以神我對照轉型為秀秀和崔寧的關係。那麼是否仍有救苦救難的關聯呢？

答案是肯定的。崔寧與秀秀私奔兩年之後被郭立率兵找到。秀秀當下有兩個選擇：讓崔

7　黃春明《放生》，台北聯合文學出版社，一九九九年十月，頁一一六—一一三。

寧單獨留下生存，或一起被抓走。秀秀認為，如果崔寧被抓回韓家，一定會被父親處死。秀秀告別時對崔寧表達了對第一個選項的期望：「這個世界上有玉，就有碾玉的人，今後你要好好的雕它，為你而雕，為我而雕，為這個世界上所有痛苦的人而雕，為那些希望破滅了的人而雕，你要給他們以希望，你要給他們以美麗，你要給他們以信心。」

十三年後，這些選項換了面貌，假道念兒背誦的魏武子故事再度出現。魏武子生前下了兩道相互抵觸的命令：自己死後安排嬖妾另嫁，或「必以為殉」。這裡「殉」是陪葬的意思。念兒問母親秀秀，為何有那兩個不同的指示？秀秀解釋那是兩種愛的方式，改嫁是讓嬖妾以後「生活得很好」，殉葬是不希望嬖妾「被別人得去」。差別或是為對方還是為自己著想。

魏武子典故反映著秀秀被抓回家之前面臨的選項：放生崔寧，還是帶著崔寧回家，任由父親殺死崔寧。根據魏武子故事的詮釋邏輯去看，兩個決定都是愛。然而秀秀與崔寧之間有個隱含的神人對應關係：秀秀是崔寧心中的觀音。所以在兩個選項之間，秀秀選擇了符合「救苦救難」屬性的方案：放生崔寧。

然而《碾玉觀音》和魏武子典故的後續發展不同。魏武子的嬖妾被庶長子魏顆安排改嫁。但崔寧沒有再娶。崔寧潦倒顛跛，雙目失明，成為流浪街頭的乞丐。秀秀收留無家可歸的盲人崔寧，再度扮演兩人之間那個救苦救難的角色。崔寧在秀秀家重新雕完一座以年輕秀秀為原型的觀音像。那是因應市場需求的專業習慣。誰會購買面容蒼老的觀音像？崔寧瞎眼，認不出收留他的好心人碰巧就是老了十幾歲的秀秀。這座新完成的觀音像沒有反映當前的秀秀容貌。那個外觀落差所暗示的人生變化，此時卻令秀秀決定不向崔寧承認自己身份。崔寧死後，秀秀在悲慟之中，說崔寧找到的秀秀，是「從來不曾存在過的秀秀」。這話較需詮釋。

一種可能的解讀如下：菩薩與塵世雕像原型人物也有個對應關係，但兩者之間有很大的差距。秀秀繼承父母遺產，即使在旱災蟲災之際，仍要強制收取農民租穀。她實際的經濟狀況如何，並不清楚。然而這點很確定：秀秀對貧農的同情心非常有限。觀音菩薩惠澤大眾，受萬民景仰，那是秀秀曾經關懷的「世界上所有痛苦的人」。此時秀秀僅只顧及崔寧和家人，不再夠資格比擬為觀音。前文提到秀秀在父親面前首度談崔寧雕刻的觀音像，直觀而且即時點明觀音所代表的普世價值，說了句：「救苦救難的觀世音」。這個故事諱言「大慈大悲」，只提「救苦救難」。現在我們知道這兩個領域正是秀秀沒有做到（「大慈大悲」）以及在有限範圍內做到（「救苦救難」）的區塊。人世滄桑之後，秀秀有自知之明，理解那個普世價值的偉大與自己的卑微。

秀秀的悔恨，並非早年放生崔寧的決定，而是崔寧臨終之際自覺形慚，沒有膽量告訴他：我就是秀秀，我們的孩子（念兒）活得好好的。

姚一葦沒有責怪秀秀。但他要說秀秀的現實生活態度。秀秀汲汲營生，踏實平凡，除了周遭近邊的家人之外，沒有救苦救難的能力與胸懷。秀秀不知道崔寧會死得那麼快，未及改變自己，不能重敘舊情。

歲月令他們蒼老。姚一葦沒說他們分離後再婚。合理的假設是兩人都從一而終，愛情堅定未變。姚一葦衷心嚮往人間至情，最終竟然有其遺憾。如果那種平凡人性要負起部分責任的淒愴有其感染力道，大概因為我們大多數人也同樣那麼平凡渺小。

抬頭看星星

——隱地自傳《雷聲近還遠》

隱地（柯青華）日記體自傳《雷聲近還遠》（台北爾雅出版社，二〇二三年十一月）僅只涵蓋同年八、九兩月。〈自序〉說這是第十本體例相仿的書籍，總稱為「日記叢書」。叢書字數超過一百二十萬字。（《雷聲近還遠》，頁三，下同）所以本書貌似短小，其實延伸著一個由來已久的書系。

日記，名正言順，可以瑣碎。如果傳主胸懷寬廣，或能避免格局零散的陷井。胡適日記重要，除了傳主本人的歷史重要性之外，就是志在天下，在小我之上，始終有個令人欽敬、前後貫穿的大我關切（國家、民族、社會、文化、文學、宗教等等）。隱地的歷史意義仍待後人驗證，然而他的日記系列至少已經，如歐陽子所言，「為台灣文壇、文人留下文化記憶。」（頁一〇一）

隱地這樣評估日本侵華以及一九四九年神州變色：「戰爭是少數執迷於權位鬥爭之人，無視廣大百姓流離失所，甚至亡命於途造成無奈的悲劇。這少數歷史的罪人，卻改變了絕大多數人的命運。」（頁一一九）這種反戰思維遙指《戰國策》的歷史觀點。〈劉向書錄〉的結論明言：「戰國之時，君德淺薄，為之謀策者，不得不因勢而為資，據時而為畫。故其謀，扶急持傾，為一切之權，雖不可以臨國教化，兵革，救急之勢也。」[1]這裡「德」可有

1 〈抬頭看星星—隱地自傳《雷聲近還遠》〉舊版原名〈抬頭看星星〉，發表於二〇二三年十二月台北《傳記文學》月刊。其中所引《戰國策》文字出自馮作民譯註《白話戰國策》，台北：星光出版社，一九七九年十一月，上冊，

不同解讀。其中之一是為百姓蒼生福祉著想的考量。《戰國策》認為戰國時代糾紛層見迭出，避戰或開戰大多以少數人的利益、貪婪、愚蠢為盤算的基礎。我們在歷史脈絡裡體會隱地日記，即知劉向所說的「德淺」，實乃古今中外的通病。

隱地人脈通達，日記遍佈懷舊情懷。被點名的文人一旦傳世，相關的資訊將會相當珍貴。如果五百年後讀者仍記得洛夫或余光中，也許會有人追究這句：「洛夫和余光中，都是詩人王之王，彼此有些心結」。（頁一二七）日記筆鋒所及，超越爾雅出版社的作者群。爾雅出版社業主隱地的文學熱情大於公司盈虧的牽掛。

在志同道合的朋友群體之外，隱地也經歷老人寂寞：「老人還有一種寂寞——感覺自己面對的是一整個幼稚膚淺的時代。智慧的人都去了哪裡，還有聖哲先賢嗎？真的全赴了死亡的約會？」（頁一三二）愛因斯坦晚年曾提及老人寂寞的自處之道：「雖然我在日常生活中是個典型的孤獨者，但我對追求真、美、正義的無形群體的歸屬感使我不至於感到孤立。」[2]隱地的相關經驗來自閱讀：「我如今因視力和體力衰退，也甚少出門，幾乎過著和

頁五。《戰國策》有多種句讀和增刪研究。隱地《冬雷震震：二〇二三年「雷聲四書」尾聲（十一至十二月）隱地日記》（台北：爾雅出版社，二〇二四年一月）轉載〈抬頭看星星〉的時候，採用張素貞教授考訂的《戰國策》引文。謝謝張素貞教授，本文現在也採用同一考訂。

2 Gary S. Berger, MD, and Michael DiRuggiero, *Einstein, The Man and His Mind*, Italy, 2022, p164.

外界隔絕的生活，但面對浩瀚書海，有時我又覺得自己的生活甚為豐富。」（頁三五）閱讀之外，新聞報導也幫助少出家門的作者消除閉塞。台灣政治或社會議題尤其得到他的關注。

隱地八十七歲，坦承衰老，並思考死亡的定義。我們可以分為三個部份來理解。

其一，「肉體死亡，精神仍在。你回過頭去想，無論東方西方，無論五千年文化，或追溯得更為久遠，人類歷史文明始終存在」。（頁九六—九七）這個提法接近胡適的「社會的不朽論」：「那個『大我』，便是古往今來一切『小我』的紀念碑，彰善祠，罪狀判決書，孝子慈孫百世不能改的惡謚法。這個『大我』是永遠不巧的，故一切『小我』的事業，人格，一舉一動，一言一笑，一個念頭，一場功勞，一樁罪過，也都永遠不朽。這便是社會的不朽，『大我』的不朽。」[3]

其二，以邏輯來評估人間宗教。自己要有自己的想法：「死亡是沒有答案的。真有答案也是不正確的，至多只能說是神話，或者說，都是人編出來的。」（頁九六）隱地不忍直接說人間宗教都是凡人編出來的神話。他善意提到佛教（往生或輪迴）和基督教（信耶穌，得永生），意思似乎是：你信那些人間宗教也很好。在這個議題上，隱地不願爭辯，尊重個人宗教信仰。

[3] 胡適〈不朽——我的宗教〉，收入《胡適文選》，台北六藝出版社，一九五三年三月，頁八〇。

作者自外於人間宗教思維習慣的例子之一，在於諱言佛教禪宗「頓悟」，只查《辭彙》而得「忽然領悟」之義。那個較廣義的「頓悟」理解洐化成「生命成長的一則教誨」。（頁一五）然而他提到「在災難中越挫越勇」的概念（頁一六），卻暗合禪宗行腳僧不屈不撓的精神。

隱地的宗教觀令人想起胡適所說：

> 這是宗教自由史給我們的教訓：容忍是一切自由的根本；沒有容忍「異己」的雅量，就不會承認「異己」的宗教信仰可以享自由。但因為不容忍的態度是基於「我的信念不會錯」的心理習慣，所以容忍「異己」是最難得，最不容易養成的雅量。[4]

其三，「人和動物一樣，屍體無論火化土埋，最後的命運都一樣——消失於宇宙大地。」（頁九五）所謂「宇宙大地」，重點在於「宇宙」，和星星觀念相符：「更多的普羅大眾，也相信人死了就是升空成為一顆星星」。（頁九七）他抬頭看看天上的星星，想像那是往生的人，而且自己有天也會去做顆星星。（頁九七）這個想法與最近一百年來宇宙概念的發展聯結，知道地球不過是洪荒宇宙的一個微細渺小的星球。沃爾特‧艾薩克森（Walter

---

4 胡適〈容忍與自由〉，收入歐陽哲生編《胡適文集》第十一冊，北京市：北京大學出版社，一九九八年，頁八二七。

Isaacson, 1952-）的愛因斯坦傳記著作提供了一些參考資料。[5]

一九一七年，愛因斯坦根據廣義相對論而探討宇宙結構，立論在在配合當時的天文觀念：宇宙就是我們的銀河系；銀河系大約有一千億顆星體漂浮在真空之中；宇宙相當穩定，不以明顯的方式向外擴散或向內塌陷。然而從一九二四年開始，天文學家哈伯（Edwin Hubble, 1889-1953）陸續發表嶄新的發現：宇宙至少另有二十五個星系；宇宙正在膨脹，星系之間的距離正在增加。一九三一年，愛因斯坦第二次訪美，由哈伯陪同去加州洛杉磯附近的威爾遜山天文台觀星。愛因斯坦身為理論物理學家，欣然接受天文學家實際觀星的結果和根據那些結果而作出的推論。

現在天文學家進一步臆測銀河系之外，有多於一千億個星系。根據天文學的這些假設，我們揣想宇宙星體總數大於一千億（星系總數）和一千億（每個星系裡的星體數量）的乘積。

回頭檢驗隱地「人死後升空成為一顆星星」的想像：就算個人可以膨脹成為塊頭超大的一個星體，那個星體仍然是宇宙洪荒裡微乎其微的東西。丁點丁點，像裝飾夜空的光塵。更多更多，在夜空裡肉眼根本無法看見。

這位文壇長者謙和，沒有依老賣老。這本書冷靜如智者，率真如少年。

---

5 Walter Isaacson, *Einstein, His Life and Universe*, New York: Simon & Schuster, 2007, p353-354. 一九九〇年發射成功，至今仍然運作的「哈伯太空望遠鏡」，就是以這位天文學家為名。

玩物尚志

——張錯近年藝文著作輪廓

張錯著作等身。〈張錯教授著作書目〉洋洋灑灑列出十七本論述，二十五本詩集，十二本散文，三本編著，三本翻譯。（《由文入藝，中西跨文化書寫—張錯教授榮退紀念文集》，孫紹誼和周序樺主編，台北書林，二〇一七）真是驚人。但直到張錯和台北藝術家出版社合作的這幾本書才令我想到美國詩人羅伯特・弗羅斯特的名句：「我選擇那條足跡較為稀疏的道路，藉此而一展身手。」（I took the one less traveled by / And that has made all the difference.）這個詩句允許不同解讀。其中之一與我的聯想相關：「道路」指寫作規劃（就弗羅斯特而言，應是詩作），「一展身手」指文學成就。

這幾本書的共通性在於都屬視覺藝術討論，具體實現了張錯的物件史觀。依次是：《雍容似汝：陶器、青銅、繪畫薈萃》（二〇〇八）、《瓷心一片：擊壤以歌・埏埴為器》（二〇一〇）、《中國風：貿易風動・千帆東來》（二〇一四），《青銅鑑容：「今昔居」青銅藏鏡鑑賞與文化研究》（二〇一五）、《蓮草與畫布——19世紀外貿畫與中國畫派》（二〇一七）、《遠洋外貿瓷》（二〇一九）。他刻意擺脫傳統藝術史家僅以確認頂級精緻藝術為足的態度，認為所謂「次級」藝術作品也值得從文化、文學、物流、製作技術等等角度去研究。擯棄單一角度，採用多種角度來欣賞器物的歷史角色，這下子值得研究的器物對象變得更多了。那個看法和胡適認為圖書館要用歷史學家（不是古董家或理學家）的眼光來廣泛收集書籍，在精神上互相符合。

> 一要認定我們個人的眼光和意見是有限的，有錯誤的；二要知道今天看為平常容易得的東西，明天就沒有，後天也許成了古董。（《胡適演講集——讀書與人生》，瀋陽市：萬卷出版公司，二〇二二年一月，頁一六〇。）

話雖如此，由收錄的彩圖看來，張錯仍嘗試維持某些美感要求的下限。他的確放寬視野，不局限於公認的一流藝品範疇，但並非破銅爛鐵照單全收。比如景德鎮為了迎合日本市場、意境接近禪宗的茶道瓷具，簡陋樸拙，張錯盡力闡明為何它們討喜。他心中仍有把尺，凸顯庶民智慧和時間考驗的那把尺，去篩選作品。庶民品味加上古意，通過他的解釋，似乎就「俗」而「可耐」。彩圖很少不堪入目。在幾百年後看來，古時候的畫匠工匠，沒有名氣，甚至沒有名字，多少也是民間藝術家。

張錯在台灣文壇崛起，原以詩作和散文著稱。他的視覺藝術興趣至少可上溯至詩集《詠物》（台北書林，二〇〇八）。瓶碗碟盤，看看就萌生詩意和歷史反思。多情敏銳，此為鐵證。所以《瓷心一片》整理陶瓷物質文化的發展宏觀歷史，個別物件的細品與賞析，讀者都不必覺得突兀。張錯詠物以詩、以陶瓷工業消長、以製造過程知識，以全新的歷史定位。

這幾本書自中國本土的縱向觀察轉型為中外（文化與貨品）互通的追蹤。這種趨變其實在張錯的早期著述有跡可尋。張錯的學術著作曾偏重於傳統文學基礎研究，如《西洋文學術語手冊——文學詮釋舉隅》（台北書林，二〇〇五）、《英美詩歌品析導讀》（台北書林，二〇一六）。兩書都提供索引，非常難得。他最早的東西文化比較研究大概是：《利瑪竇入華及其他》（香港城市大學出版社，二〇〇二）。那項關切並非靜態的東西對照而已。該書好奇於西方文化進入東方的激盪、衝突、與調適。所謂東方，是以中國為出發點的觀照。也就是說，某些西方文化是如何進入中國的，產生了怎樣的影響。足見《蒲草與畫布》和《遠洋外貿瓷》刻意反向操作，追查中國文化產品，外貿畫和外貿瓷，是如何輸出到國外的。比如蒲草紙的製作過程，因為涉及產地、造紙師傅、貨運等等，可以順便驚鴻一瞥中國社會工業情況，以及西方國家接受中國藝術的程度。筆鋒所及，古今中外，天南地北，充份展現了作者累積多年的人文歷史修養。

這不是說張錯意圖否認中國藝術史的傳統。他全心全意尊重傳統。張錯自美國南加大退休後，馬上返回台灣，在台北醫學院主持「人文與藝術講座」。教學方式之一，即帶著那些（幸運的）醫科學生訪學於台北故宮博物院。他曾經公開聲明自己是個以台灣為故鄉的僑生。多年來，他流連忘返於中國青銅、瓷器、繪畫之間，是另位在中華文化裡尋根的旅美學人。《風格定器物——張錯藝術文論》（台北藝術家，二〇一二）收集他在藝術學報發表過的學術論文，證明他一直留意中國大陸新近出土的古物及其研究。許多這些新發現也是藝術精品，絕不亞於現在故宮博物院的收藏。

前引弗羅斯特詩句的重點在於「較為稀疏」。那不是「前無古人」的情況。外貿畫與外貿瓷雖屬冷門研究，仍有少數書籍可資參考。搜尋以及運用那些一般讀者聽都沒聽過的文獻，就是學問。張錯下了功夫，也體會出該類關乎視藝的書籍必須具備印製精良的彩圖。《遠洋外貿瓷》至少三次指出某些參考書，基於不同原因，可惜製圖欠佳，文字再好，仍是一樁遺憾。張錯認為這些藝術品本身的視覺美感效應能夠誘引現代讀者，原本冷門的研究因此而產生親切感覺，攜帶一些溫暖。讀者看到質優照片才容易懂得文字描述，滋養生活品味，加深歷史體會。所幸藝術家出版社不負使命，這幾本書彩印都可圈可點。

我們很高興看到張錯找到一條足跡稀疏的道路，邁步向前，一展身手。

語言文學類　PG3193　文學視界155

巧遇胡適
——從文本縫隙中重構胡適的思想面貌

作　　者 / 高全之
責任編輯 / 洪聖翔
圖文排版 / 陳彥妏
封面設計 / 嚴若綾

出版策劃 / 秀威出版
法律顧問 / 毛國樑　律師
製作發行 / 秀威資訊科技股份有限公司
114台北市內湖區瑞光路76巷65號1樓
電話：+886-2-2796-3638　傳真：+886-2-2796-1377
http://www.showwe.com.tw
劃撥帳號 / 19563868　戶名：秀威資訊科技股份有限公司
讀者服務信箱：service@showwe.com.tw
展售門市 / 國家書店（松江門市）
104台北市中山區松江路209號1樓
電話：+886-2-2518-0207　傳真：+886-2-2518-0778
網路訂購 / 秀威網路書店：https://store.showwe.tw
國家網路書店：https://www.govbooks.com.tw
經　　銷 / 聯合發行股份有限公司
231新北市新店區寶橋路235巷6弄6號4F
電話：+886-2-2917-8022　傳真：+886-2-2915-6275

2025年8月　BOD一版
定價：360元

讀者回函卡

國家圖書館出版品預行編目

巧遇胡適：從文本縫隙中重構胡適的思想面貌 / 高全之著. -- 一版. -- 臺北市：秀威資訊科技股份有限公司, 2025.08

面； 公分. -- (語言文學類；PG3193)(文學視界；155)

BOD版

ISBN 978-626-7511-99-2(平裝)

1.CST: 胡適 2.CST: 學術思想 3.CST: 文學評論 4.CST: 傳記

783.3886 114008598